里 正三 著

琉球独立への視座

――歴史を直視し未来を展望する

がじゅまるブックス 12

榕樹書林

目次

はじめに……1
1 世界経済の仕組み……7
2 成長路線の限界……20
3 日本型システムの問題点……28
4 民主主義と社会参加……39
5 「日本復帰」への考察……53
6 中国脅威論……76

7　戦争を考える……88
8　目指すべき琉球社会……97
9　新生琉球の経済政策……105
10　正義は我が方にあり……116

はじめに

二〇一三年に琉球民族独立総合研究学会が設立され、二〇一四年には一七〇七年に大英帝国として合併されたスコットランドが三〇〇年もの長い時代を経て独立投票をすることになった。結果は八四・六％の高い投票率の中、独立賛成票が四四・七％で独立反対票が五五・三％となり、独立は見送られた。

日本もイギリスも中央集権制度をとり、近年は新自由主義的経済政策でアメリカ資本と連携した金融資本がイニシアチブを握る格差社会となっている。このような社会では、権力の中心部に富が集積し、少数の富裕層が富を独占することになる。周辺部として組み込まれた琉球やスコットランドは、権力を奪われ、自己決定権を持たず、軍事基地のような迷惑施設を押しつけられることになる。

スコットランドの独立投票も、琉球民族独立総合研究学会の設立も、富と権力を集中させる新自由主義の世界では必然の動きである。権力の周辺部での分権・独立運動以外で、不平等で閉鎖的な日本やイギリスの中央集権体制を改革できる道筋は現出していない。

二〇一一年三月の福島原子力発電所の重大事故と現在に至るまでの原発再稼働や原発輸出の動きを見ても、国民の意思とはかけ離れた政治が行われている。消費税増税も富の再配分という国の役割の逆を行く逆累進課税で富の偏在を推進するものである。TPP（環太平洋戦略的経済連携協定）に至っては、グローバル企業の利益を国民の利益よりも上位に置く、むき出しの収奪システムである。いずれも国民投票にかければ政府の政策は否定されるような事態が容認されている。

政官財界と学会とマスコミが、かつての大政翼賛会のように大同団結し、福島における人体への放射能汚染と沖縄への米軍基地の集中を押しつけている。これに疑問を挟む者は、「風評被害をまき散らす者」として、あるいは「中国政府の手先＝国賊」と批判される。その結果利益を得ているのは東京の大企業であり、富裕層である。

新自由主義経済において富は大企業や富裕層に集まり、中間層は解体し貧困化していく。日本銀行に事務局を置く金融広報中央委員会という組織が、毎年金融資産の保有高を調査している。二〇一三年の二人以上の世帯における動向で、日本の実情が手に取るように判る。国民総中流と言われた一九八七年の金融資産を持たない二人以上世帯の割合は三・三％で、ほぼ全世帯が持っていた。それが二〇一三年の調査では金融資産ゼロの世帯の割合は三一％で、三人に一人は金融資産を持たないことが報告されている。手持ち現金で生活をやりくりしており、預金する必要も預金する余裕もない。

金融資産の額も二〇一二年の中央値で四五〇万円が安倍政権下で二〇一三年には三三〇万円に激減している。政府と金融機関で構成される金融広報中央委員会は、それまで二人以上世帯全体の中央値を発表していたが、この激減以降は、金融資産を持つ世帯に限った中央値を発表するようになった。国民の三分の一にあたる金融資産を持たない世帯は除かれ、かさ上げされた中央値を発表することでアベノミクスの矛盾を隠す手法である。

小泉改革の時もアベノミクスにおいても、富を奪われる中間層がムードで政権を支持するという展望のなさである。学校教育で政権に対する評価や批判の基準を学ばず、政治に無関心な国民を作ってきた結果が、支配層に好都合な政府広報を信じる形ばかりの主権者を生んできた。

投票率が五割で有効投票の四割を獲得したに過ぎない自民党が、まるで独裁政権のように憲法の解釈を変え、米国の戦争に同盟国として参加する道筋を作った。国民の意思を実現するのが民主主義で、国民の意思と反する政策を行うのは独裁である。既に日本において民主主義は壊死し、民主主義を求める沖縄の「建白書」は無視されている。全沖縄のすべての市町村長と議会議長が署名捺印した「建白書」は正に沖縄の意思である。オスプレイの配備撤回と普天間基地の閉鎖撤去、そして県内移設断念という要求は、普天間基地がハーグ陸戦協定に違反して占領地の私有財産を没収して建設された国際法に違反する基地で、なおかつ米軍の飛行場建設における安全基準も満たしていない世界一危険な基地であることを考えれば至極当然の要求である。代替基地を沖縄に建設しなければ普天間基地を返還しないというのは、盗人猛々しい所業である。

名護市の辺野古に建設が予定されている新基地は、耐用年数が二〇〇年である。子や孫の世代を超えて恒久的に沖縄を軍事支配下に置く政策を日米政府は「負担軽減だから受け入れよ」という。

このような理不尽な日米政府の暴政に、沖縄が自決権を獲得する以外にどのような解決策があるというのか。まさに琉球民族独立総合研究学会の発足は、歴史的な必然である。

ちなみに琉球という呼称は、かつての琉球王国へのノスタルジィで使用している訳ではなく、現在の沖縄県の領域には奄美諸島が欠落するから、奄美諸島も包含する概念として使用している。民主主義を実現する手段として琉球独立を志向するのであるから、奄美諸島をその意思に反して統合する意図は一切ない。奄美世《アマミユ》を実現する方法として、琉球共和国連合という方法も考慮してもらえればと考える次第である。

同じく宮古島地域と石垣島地域についても、歴史的には首里王府の圧政に苦しめられた過去がある。沖縄島中心の意思決定がされるような時には、宮古島地域、石垣島地域として自決権を有することも琉球共和国連合として明確にする必要がある。

民主主義とは、差別、抑圧、負担の押しつけのない、政治家の意思ではなく人々の意思が反映される社会のことである。政治家とは人々の意思を政治の場において実現する役割を担うもので、特権層・富裕層の利益を全体の利益のように宣伝し、人々の政治への参加を拒むのは新たな形態の独裁でしかない。

安倍政治によって、多数決は民主主義とは別ものの便宜的な意思決定の方法に過ぎないことが明らかにされた。また、代議制も主権者から意思決定権を奪い、主権者の意思と反する法律によって主権者を縛る制度であることが明確になった。日本の学校教育では、民主主義とはどのような状態を指すのかと考える教育は無く、多数決に従う事が教えられる。二〇一六年の参議院選挙から満一八歳以上の国民に選挙権が広がったことを受け、今まで禁止されていた高校生の政治参加が容認されることになったが、コスタリカ等での小学生から現実の国会議員選挙等で街頭デモを行い、自分が支持する政党への支持を呼びかけ、模擬投票がマスコミに発表される実体的な政治参加とはほど遠い。日本では高校の中での政治活動は今でもほぼ否定されている。

主権者教育が欠落し、選挙で選ばれた政治家に価値観や良心までも制約されることを受け入れるように教えている。安倍首相も選挙で選ばれたのだから自分が政策を決定すると語り、国民主権を無視し、自らが主権者のように振る舞っている。

第二次世界大戦において、日本は「日の丸」を掲げ、「君が代」に歌われる天皇至高価値観によってアジア諸国を侵略し蹂躙した。自らの行為を反省し被害者の感情を考慮するならば、ナチスと同じように侵略で使われたシンボルを再び使うことは許されない。それなのに「日の丸」「君が代」を生徒と教職員に強制し、従わない者を処罰する教育現場に、民主主義が育つわけがない。そこで教えているのは、主権者としての権利の放棄と権力への従順である。

新自由主義を経済思想としての根幹に据え、主権者の政治への関わりを制限し、世論調査（ＲＤＤ方式＝昼間在宅の固定電話所有者のみ対象）という名の意識誘導で投票意欲をそぎ、小選挙区で主権者の選択を制限し、常に大政党が優位になる結果しか生まない非民主的政治制度の下での改革が可能であろうか。

三権分立も形骸化し、行政権が肥大化した結果、政府の意向に従わない裁判官は冷や飯を食わされる状況で、最高裁判所は明らかな憲法違反にも是正判決を行わない。保守政権が長期に続いた結果、司法界も保守化し、多数の最高裁判所判事は一般国民よりも右翼的で、民主主義者ではなく国家主義者である。

マスコミも閉鎖的な国会記者クラブや経営者の権力すり寄りによって、「権力を監視する」役割よりも、政府広報費による安定した収入を得ることに力点を置き、政権の広報機関となっている。

敗戦を契機にした民主主義的国家から、明らかに官僚と政権に権力が集中する独裁国家へと変節し、その流れは近年いっそう明確になっている。残念なことに、未来を担う若者は学校教育で誤った民主主義を教え込まれ、自らの意思と行動で改革する主体とはなりえない。社会の歪を正すべきマスコミも政府の広報機関となった今、この日本型システムから脱出するしか民主主義を実現できない。

その可能性があるのは、歴史的に独自の国家を形成し、自決権を有する琉球（奄美地方を含む）であろう。

琉球が分離・独立すれば、七四％も集中している在日米軍基地を他の地域に移さざるを得ない。再び日本の各地で反基地闘争がおこり、迷惑施設を地方に押し付ける日本政治の在り方が問われるであろう。そこから民主主義とは何かを問い直す国民運動が起これば、真の民主主義国家へと脱皮できるかもしれない。

逆に一部の犠牲によって多数が脱政治的態度を繰り返すのであれば、再び国家の利益と称して海外へと戦争を仕掛ける国となろう。

1　世界経済の仕組み

ポスト産業資本主義社会の三つの特徴

現代社会は三つの特徴によってそれまでの時代とは区分される。

第一にソビエト圏が崩壊し、また社会主義中国が市場経済に参加したことによって、地球規模の単一市場が出現したことである。

第二に金融革命とも言うべき巨額の投機資金が利潤を求めて世界を徘徊していることである。覇権国アメリカは工業生産ではなくウォール街での金融取引と基軸通貨ドルの為替取引で利益を得ている。

第三はＩＴ革命と言われる世界構造の変化である。資本・情報・技術が瞬時にグローバルに移転できる。圧倒的な情報量を持ち、ＩＴ社会をリードするアメリカが優位な地位を確保できる。

この三つの特徴の中で、まずは現代社会の第一の特徴であるグローバル社会について考察する。

一九八九年一一月のベルリンの壁の崩壊と一九九一年一二月のソビエト連邦の崩壊により、東ヨーロッパの社会主義陣営は資本主義へと変化した。

中華人民共和国においても、一九七八年末から改革・開放政策へと転じ、一九九二年には鄧小平がより一層の加速を指示し、党大会でも社会主義市場経済を目標にした。一九九〇年代には外国資本や先進技術の導入も進み、世界の工場とまで言われるほど資本主義化が進んだ。

単一の世界市場経済が出現したことによって、グローバル企業が国家の枠を超えて利益獲得に走ることになった。また、それまでの国単位の経済政策から資本の利潤を極大化するグローバルな経済政策へと先進資本主義国は変化する。

アメリカで新自由主義経済政策としてスタートした新古典主義経済学は、自由競争を最大価値とし、政府等による市場競争に対する規制を、市場経済を妨げる障害物と捉える。医療や教育や基礎的社会インフラも官から民へと変化させ、市場競争に委ねるべきとする。この経済政策の背景には、先進資本主義国において中間層の増大とともに富の平準化が起こり、企業家に資金や利潤が集中しなくなったことが挙げられる。アメリカにおいて特に基幹産業労働者の手厚い既得権が企業の国際競争力を削ぐとされ、公的部門の民営化と並んで基幹産業生産部門のアウトソーシングが図られる。企業の合併や新工場の建設、そして国外へと生産現場を移し、賃金コストの削減を図る。結果として中間層は没落し、少数の資産家と大多数の勤労者という構図になり、賃金コストは常に削減対象となる。以前のアメリカの経済政策が、勤労者を含む国単位での経済的な豊かさを目標にしたのに対して、自由競争を導入することにより、弱肉強食の経済競争に変化し、国全体が格差社会となった。

もう少し長いスパンで世界経済の動きを考察すると、第二次世界大戦前後から一九七〇年代まで、覇権国アメリカは自動車や航空機を世界に販売する工業国家であった。その後、欧州や日本の高度工業化の中で国際競争力を無くし、国家の利益を工業生産力から金融システムや知的所有権という非物質分野へとシフトさせてきた。今までと様相を異にする為替取引や遺伝子組み換え作物による世界からの利益の集積が行われている。この動きを理解するには、貨幣の特色とくに基軸通貨のもたらす利益と、知的所有権の代表的な分野である遺伝子組み換え作物の現況を知る必要がある。

基軸通貨について考察する。土地に縛り付けられていた封建時代から、都市国家による交易にリードされた貿易立国が西洋世界において力を持つようになると、貨幣もその流通範囲を広げるようになる。一五世紀に栄えたベネチアは貨幣であるドゥカート金貨を基軸通貨として、地中海交易にイニシアチブを持った。コロンブスのアメリカ大陸への航海により、視野が広がった西欧列強は豊かな財貨を求めて世界へとその活動の範囲を広げた。先んじたのはスペインとポルトガルで、その時期には多種多様の金貨や銀貨が使用された。異なる経済圏へ貨幣を流通させるためには、それ自体が価値を持つ金貨や銀貨が必要であった。

その後、オランダからイギリスとフランスに覇権が移り、それに応ずる形で基軸通貨もバンコ・グルテンからポンド・ルーブルと変化した。イギリスの植民地支配が世界に及んだ時に、基軸通貨はポンドに統一された。第一次世界大戦によって欧州が戦火にまみれ、アメリカが世界経済と軍事をリードする覇権国になった。それにより、基軸通貨もドルへと変化した。重量のある金貨や銀貨を持ち運ぶのは不便なので、国家が金や銀との交換を保障する紙幣を発行し(兌換紙幣という)、要請があれば金や銀と交換することより、その価値を保障した。この兌換紙幣制度は、ニクソン大統領がドルと金との交換停止を宣言する一九七一年八月まで続いた。

ここで現代社会の第二の特徴である金融革命について考察する。基軸通貨ドルが兌換紙幣から脱し、単なる政府の信用に裏打ちされた通貨となったことで、金の保有量に制限されずいくらでも増刷できるようになった。

現在において基軸通貨とは、世界の交易の決済のために使用される通貨で、取引を円滑に行うためには各国は決済用のドルを常に用意しなければならない。日本や中国のような対米貿易黒字国では、常にドルが保有されているので負担はないが、途上国の多くは対米貿易が赤字のために、ドルを借りてその分の利子を払っている。基軸通貨を持つ覇権国には、その他にもいろんな利益が生じる。世界経済が例えば五％拡大をすれば、その取引量に応じた通貨の需要が発生し、アメリカはドルを印刷するだけで、世界の財貨が手に入る。また、アメリカの経済事情によって、金利を操作できるので金融政策の主導性を確保できる。

金との交換を免れたドルは、実際の世界の交易の取引量をはるかに超えた額を流通させている。それが世界の投機資金として決済に使用されている。数字は古いが日本の国会での答弁を見ると、「野田佳彦財務相は三日午後、衆議院の財務金融委員会・経済産業委員会連合審査会に出席し、世界の為替取引総額は輸出額の約百倍の規模に膨らんでいるとの認識を示した（二〇一一年八月三日　ロイター報道）」とある。二〇一四年版ジェトロ世界貿易投資報告によると、二〇一三年の世界貿易は名目輸出ベースで一八兆二八二六億ドルで一日当たり平均で五〇〇億ドルになる。一方の外国為替取引は、ＢＩＳ（国際決済銀行）によれば二〇一三年四月の一日当たり平均で五兆三〇〇〇億ドルと発表された。今でも為替取引は実貿易の百倍を超えている。それらの資金は投機マネーとして世界経済に大きな影響を及ぼすようになった。一九九七年のアジア通貨危機の時はドルペッグ制を採用していたタイ国は、当時大量に流入していた投機マネーのタイ国通貨バーツの売り圧力に耐えられず、一挙に為替相場が下落し、安くなったバーツを買い戻す操作でウォール街は巨額の富を得た。翌年には韓国も影響を受け、韓国通貨ウォンは対ドル比較で一挙に三分の一（一ドル＝一六七八ウォン）にまで下落した。対外債務を返済するためＩＭＦ管理に入り、財閥解体を要求され、実質的な経済主権を放棄させられた。

世界のドルの流通量を操作することによってもアメリカの優位な経済状況を作り出す。今のアメリカは低金利とドルの大量供給で景気刺激策をとっている。この政策は景気が回復した段階で金利を上げ、貨幣流通量を減らす政策に切り替えないと今度はインフレが起きる。それを防ぐために金利上昇と貨幣流通量を引き締めなければならないが、過剰ドルが世界の株価を押し上げている実情から、金融引き締めは株価の下落と言う副作用を伴う。二〇一五年一二月の米国ＦＲＢ（連邦準備制度理事会）の利上げ後、翌月の東証の大発会以来、株価は大幅下落した。中国の経済の先行きが見えないことも大きいが、米国ＦＲＢが継続して利上げを行う可能性も株価の負担になっている。常に金融政策はこの二律背反の中で調整を迫られる。

いずれにしても基軸通貨を持つアメリカは、多くの利益を得るシステムとなった自由貿易（ドル交易）市場を時には力で持って保持しようとしている。自由貿易と言うと聞こえが良いが、実際は弱肉強食の世界である。ＴＰＰ交渉の動きを見ても分かるように、各国が自国の有利なように交易条件を決めようとする。特にエネルギーと食料は戦略物資として各国とも重視している。この取引の時の決済手段がドルと言う基軸通貨を使う場合が多い。これを変更することは、特にアメリカにとって大きな遺失利益となる。

イラクでフセインが湾岸戦争で敗北し、力を無くして影響力も無くなっているにもかかわらず、アメリカはイラク調査団の大量破壊兵器の有無の報告も待たずに多国籍軍（有志連合）で攻撃に踏み切った。その結果いまだにイラクはテロが続く混迷地帯となっている。その後の調査で、イラクのフセイン大統領は、アルカイダとは無関係であり、また、大量破壊兵器も存在しなかったことが判明した。では何故ブッシュ大統領は急いでイラク空爆を行ったのであろう。当時イラクは湾岸戦争からの復興のために石油輸出により資金を得ていた。フセイン大統領は、それまでドル決済であった石油貿易を国際通貨として力をつけてきたユーロに変更すると発表した。このような基軸通貨の位置を脅かす行為は、認められないと判断した可能性が大きい。しかし、開戦の実際の理由は発表されることは無いので確認はできない。しかし、もっと露骨な場合もある。アラブの春でリビアがＮＡＴＯ軍に空爆され、カダフィ政権が崩壊させられたことである。

アラブ世界は石油利権と部族社会の利害が入り乱れ、長期政権では利権腐敗が進行している。固定的な社会システムと貧困から、多くの国でインターネット等を通じて不満を表現するデモ等が盛んになった。しかし、リビアに関しては、豊かな石油資源とカダフィの社会主義的政策によって、低所得層にも手厚い保護が加えられていた。医療費や教育費は無料で、年金配給で生活も安定している。アラブの他国とは明らかな相違があった。一方リビアにも部族間対立があり、国の西部にある首都トリポリのカダフィの長期支配に反発する勢力が、国の東部ベンガジを中心に勢力を持っていた。アメリカをはじめとするＮＡＴＯが、その部族に働きかけ、武器を与え、そして武装蜂起を促し、最後には直接カダフィ軍を空爆して政権を打倒した理由はどこにあるのだろうか。リビアは既に西欧社会との共存を明確にし、敵対政策を放棄し、核兵器の査察を受け入れ、二〇〇六年にはアメリカとも国交正常化している。

カダフィはそれまでの「汎アラブ主義」から「汎アフリカ主義」へと力点を変化させ、二〇〇九年にはアフリカ五七ヵ国と地域の参加しているアフリカ連合の議長となった。資源は豊富ながら政治力の弱いアフリカは、いつまでも資源供給国の地位に甘んじていたが、カダフィはアフリカ合衆国を目指し、欧米諸国と対等な取引のできる連合国家を模索した。このカダフィの構想が実現すれば、アフリカは二一世紀に目覚ましい発展を遂げたであろう。そのための第一歩として二〇一〇年に金本位制のディナールというアフリカ共通通貨の創設を発表した。その発表の翌年二月には内戦が始まり、三月にはNATO軍が空爆を行った。NATO軍が空爆をした根拠は、アルジャジーラ放送がカダフィによる市民虐殺ねつ造報道を行い、西側マスコミが事実のように世界に伝えたからである。アルジャジーラはカタールのドーハにあるアラブ系の放送局で、サウジ・アラビアの影響下にある。サウジ・アラビアは親米国家で少数の王族支配を行っている石油利権を基礎にする国である。カダフィのリビアとは同じアラブ圏でも利害を異にすることが多く、対イスラエル政策や石油政策でも親米路線のサウジ・アラビアとは対立することも多い。内戦勃発一月後には直ぐにNATO軍がリビア空爆を行い、以前に核査察等を受け入れ、軍事情報が西側に筒抜けであったリビア軍は壊滅状態になった。カダフィは八月にはトリポリより逃亡し、殺害された。もしリビアへのNATO軍の空爆がなく、カダフィによるアフリカ共通通貨が実現すれば、域内の流通も盛んになり、資本蓄積も進み、成長力豊かなアフリカが出現したであろう。それで困るのは基軸通貨を持つアメリカであり、アフリカを資源供給地域として維持したい欧州である。当然リビアの石油利権も欧米の有利なシステムに変更したいということもある。NATO軍の攻撃がカダフィ軍に止まらず、石油施設や港湾や上下水道の浄化設備等のインフラを破壊したことでも、復興で必要となる工事を当て込んでいることが分かる。

インターネットやアルジャジーラ等の衛星放送が、欧米やサウジ・アラビアの利益を代弁する一方的な内容で、内実が伝わらないままカダフィが悪者にされた。カダフィに対立する東部の部族を三千人虐殺したと報道されたが、カダフィ死亡後にこの報道はデマであったと当のアルジャジーラが発表した。この点は、その後のシリアの化学兵器使用に伴う報道と同じである。シリアが化学兵器を使用すれば、アメリカがシリアへの軍事行動を示唆している段階で、はたしてシリア政府が化学兵器を使用するであろうか。アメリカは国連の調査団が報告を出す前に攻撃を決定している。イラクの場合と同じ行動である。しかし、イギリス議会でイラクの偽情報で戦争に加担した反省から戦争に反対する意見が多数を占め、米国内での世論も政府の戦争行動を支持しなかったために、オバマ大統領はロシアの調停案に同意し、攻撃は避けられた。

基軸通貨としてのドルの地位を危うくする政策を、例えば民主党の鳩山首相の東アジア共同体構想がそれにあたるが、決してアメリカは容認しない。鳩山首相のスタンスが、既に日本の貿易額第一位となっていた中国へとシフトする危険性を含んでいたからである。基軸通貨ドルを融通しあうチェンマイ・イニシアティブはアメリカに容認され、二〇一三年一二月一二日には日本銀行とインドネシア中央銀行間で通貨スワップ取極が成立し、ルピアの対ドル交換上限が従前の一二〇億ドルから二二七・六億ドルへと約倍増した。これにより、通貨危機の危険性は大きく後退する。似たような国際金融補完システムでも、基軸通貨ドルを補強する政策は容認されるが、アジア共通通貨に道を開くドル体制否定の要素があれば、アメリカにより潰される。

基軸通貨を持つアメリカの為替政策も金融革命における重要な要素である。かつてのアメリカは高度工業国家として工業製品の輸出を通じて経済の伸長を図ってきた。しかし、一九七〇年代から日本や欧州、そして一九八〇年代以降になると中国をはじめとする東アジアに生産拠点が移り、アメリカの利潤を生み出す産業も電化製品や自動車や航空機の製造業からウォール街に象徴される金融業へと変化した。工業製品の輸出を基幹産業にしていた時代は、強いドルが有利である。原材料やエネルギー資源を購入するのに少ないドルで入手できる。しかし、生産拠点がアジアに移り、輸出による外貨の獲得よりも金融・為替取引に力点を置くようになると、逆にドル安にする方が有利となる。二〇〇〇年までは米国政府の債務残高は少なく、データも取られていないが、二〇〇一年に債務残高が五兆六〇〇〇億ドルに達している。ほぼアメリカ国債の保有という形で、その内の六兆ドルが国外に保有されている。増え続ける政府債務とその一部としての外国所有のドル国債という面で考慮すると、ドル安は返済額の実質減額という要素がある。アメリカ国債はドルで販売してドルで償却(返済)する。その間にドル安が進めば実質返済額は減額になる。外国が保有する六兆ドルは、円換算で七二〇兆円もの巨額に当たる。簡便にすべて十年国債として、その間に一割ドル安が進めば実質七二兆円の負担減となる。基軸通貨を持つ国は、このように巨額の債務を為替の通貨安でカバーできるのである。

現代社会の第三の特徴であるＩＴ革命について考察する。

インターネット通信とパーソナルコンピュータの普及によって、以前とは異なる世界に人々は暮らすようになった。抽象化できる物は世界中どこにでも一瞬にして移送できる時代である。例えば貨幣。銀行口座の数字という抽象的な表象になったので、巨額の資金が地球の裏側まで一瞬にして移動が可能となった。投機の世界では、一秒の一万分の一のスピードで株式投資が行われる。コンピュータプログラムが設定され、このような条件の時には株式や各国通貨を売り、又条件がこのように変化すれば株式や各国通貨を購入する。それを人間が判断するのではなく、市場とつながったコンピュータが瞬時に行う。似たようなプログラムが世界中に設定されているので、市場が予想しない変化が起きると、世界中のコンピュータが一斉に同じ売り買いを起こす。それが株式市場やある国の通貨価値にマイナスの出来事ならば、売りが売りを呼び、大きく値を下げることもある。

位置情報も観測衛星のカメラの高性能化によって、画像が精密なデジタルデータにと変換される。世界中の穀物の生育状況が分かり、情報を入手できる立場の者は、穀物取引において圧倒的に優位に立てる。軍事情報も世界中の変化を衛星カメラと情報通信データの収集によって手に入る。戦争行為も遠く離れたアメリカ本国からディスプレイ画面を見ながら無人機からのロケット発射ボタンを押すことができる。まるでテレビゲームの様な感覚で人殺しができる時代である。

知的所有権について考察する。遺伝子ゲノムの解析が進み、人間の病気に作用するＤＮＡの特定も進んでいる。動植物も肉量や収穫量に影響を及ぼすＤＮＡに働きかけて新品種がつくられ、また、穀物等では除草剤への耐性を持つ作物も既に世界中で栽培されている。これらの情報も知的所有権として保護され、特許を持つ企業は世界中から特許権収入を得ている。遺伝子情報を使った生物の研究開発には負の要素もある。今までに地球上に存在しなかった作物が出現している。いわゆる遺伝子組み換え作物であるが自然由来の既存種との間に交雑が起こり、例えば除草剤への耐性をもつ雑草も繁茂している。また遺伝子ゲノムの解析や組み合わせによって新しい種を作り出すこの技術は、人間や環境に対する安全性は確認されていない。食べ続けて何世代かすると、奇形が表れる危険性もある。しかし現在は直ちに問題が出現していないとして認可されている。農業に使われる種子の独占は、二〇世紀後半から寡占化が進み、特に遺伝子組み換え作物はモンサント社にほぼ独占されている。世界の食糧危機を解決すると大仰なうたい文句で宣伝されている遺伝子組み換え作物は、その強力な資本力に物を言わせて、世界の各種機関の推奨を受けている。農業作物はますます自家採取ができないシステムになってきており、毎年企業から種子を購入することになる。安全性の面でも、これまで遺伝子組み換え企業は遺伝子組み換え作物が作り出す殺虫性のタンパクなどの有毒成分は腸で破壊され、体外に排出されるので無害であると説明してきた。しかし、カナダのシェルブルック大学病院センターの産婦人科での調査で、遺伝子組み換え経緯の有害物質が九三％の妊娠女性の血液（三〇人のうち二八人）から検出され、八〇％の女性（三〇人のうち二四人）の臍帯血からも検出された。妊娠していない女性のでは六九％（三九人のうち二七人）が検出されたという調査結果が二〇一一年に発表された。インドで生産されている綿花でも、遺伝子組み換え綿花の茎や葉を家畜に与えたところ多数が死亡し、経営的に追い詰められる農家が増えた。中国でも人口増加と工業化により食料輸入国となったことから遺伝子組み換え作物を導入した。遺伝子組み換え穀物のみを飼料として与えられたブタは、通常の穀物で育てられたブタに比べ、胃炎を発症する確率が大幅に高いことを豪米の共同研究チームが専門誌「ジャーナル・オブ・オーガニック・システムズ」二〇一三年六月号に発表した。飼料以外は同一の環境下で飼育し、約五ヵ月後に解体したところ、深刻な胃炎の発症率は、遺伝子組み換え飼料を与えられた方が三二％、そうでない方は一二％だった。また、遺伝子組み換え飼料で育った雌ブタは、子宮の重さが通常飼料グループに比べ二五％重かったことが発表された。ＢＳＥ（狂牛病）でもタンパク質は消化される時にアミノ酸レベルに分解されるので、毒物は残らないと説明されていたが、実際にはＢＳＥに罹患した牛を食べると十数年後には牛海面状脳症という、脳がスポンジ状になって痴呆症に陥る。遺伝子組み換え作物でも同じ説明がされているが、安全性は疑問である。

知的所有権ということでは同じく農業においてミトコンドリア異常の雄株不妊を利用したＦ１種子がある。このＦ１種子は、遺伝子組み換えこそしていないが、これで収穫できた作物から種子を採っても、次世代（Ｆ２）は全く別の作物になる。イネ、タマネギ、ニンジン、トウモロコシ、ネギ、ダイコン、キャベツ、ブロッコリー、カリフラワー、ハクサイ、シシトウ、ピーマン、ナス、オクラ、シュンギク、レタス、インゲン、テンサイ等がミトコンドリアの異常で不妊となった雄種を利用している。将来は全ての野菜がＦ１野菜となるかもしれない。このＦ１種子による農作物を取り続けることが、どのような生物への変化を来すか疑問もある。一説には世界的に問題となっているミツバチの集団の崩壊原因とする学者もいる。ミツバチは受粉作業のために、何十年もミトコンドリア異常の蜜や花粉を取り入れ、ローヤルゼリー等を通じて次世代に蓄積されていったと考えられる。毎年世代交代を繰り返すミツバチでは遺伝的欠陥も数十年で現れるが、二〇年から三〇年で世代交代をする人類では、結果が現れた時には取り返しがつかない。これら以外にも、自殺遺伝子を組み込んだ研究も進んでいる。作物から自家採種しても発芽の段階で毒物を生成し、作物が死ぬように組み込まれている。遺伝特性は組み替えた作物に止まらず、他の作物に水平伝播する危険性がある。自然界にはベクターという機能を持つプラスミドやトランスポゾンやウイルスが存在し、遺伝子情報をコピーして異種の生物に移し替える。雑草に除草剤耐性が転移されればスーパー雑草となる。利益追求のために企業内で行われている実験から、新たな危険生物が作り出されている可能性は否定できない。この様な生態系に劇的な悪影響を及ぼす知的研究が独占企業の特許になっており、今や影響は世界の食糧事情にまで及ぶ。このように知的所有権を持つ巨大企業が特許を独占し、農家は毎年企業から種子を購入しなければ農業を続けられない仕組みとなっている。アメリカでは自家採種の野菜を禁止するＳ５１０法案ＦＤＡ食品近代化法が二〇一〇年一一月に可決された。自家採種を禁じられるとモンサント等の巨大企業から種子を購入して作物を作る以外方法はない。二〇一二年の遺伝子組み換え作物の世界の全作物に占める割合は大豆で七八％、ワタで六九％、トウモロコシで三二％、ナタネで二七％である（国際アグリバイオ事業団＝ＩＳＡＡＡの報告による）。既に世界の農業に支配的な影響力を持っている。それに加えて農薬や化学肥料をふんだんに使用し、遺伝子組み換え作物を栽培する農業をアメリカ政府は法律により推奨している。このように特別な性能を持つ遺伝子組み換え作物も、自然の対応力の前には効果は限定的である。例えば、モンサント社の除草剤耐性遺伝子を組み込んだナタネはアメリカにおいて雑草に伝播し、除草剤耐性を持つに至っている。このスーパー雑草は除草剤が効かないので農家は手作業で取り除かなければならない。

遺伝子組み換えには倫理的な問題もある。人間の他人との遺伝子的な差は〇・一％。ヒトとチンパンジーとの差は一・二三％。ネズミとは三％。イヌと六％。ネコとは一〇％。ウマとは一〇％。サカナとは一五％。ウシとは二〇％。ブタとは二〇％。ミミズとは二五％。ウニとは三〇％。ハエとは四〇％の違い。シャケにオオカミウオの遺伝子を組み込んでも販売が許されるのなら、どこまで遺伝子操作は許されるのか。最初から生命の尊厳を傷つける分野には手を出すべきではない。

2　成長路線の限界

限界を迎えた成長路線

『沈黙の春』（"Silent Spring"）は、一九六二年に出版されたレイチェル・カーソンの著書である。ＤＤＴを始めとする農薬などの化学物質の危険性を、鳥達が鳴かなくなった春という出来事を通し訴えた作品である。これらの化学物質は人体までも蝕んでいる。

『成長の限界』とは、ローマクラブが資源と地球の有限性に着目し、マサチューセッツ工科大学のデニス・メドウズを主査とする国際チームに委託して、システムダイナミクスの手法を使用してとりまとめた研究で、一九七二年に発表された。「人口増加や環境汚染などの現在の傾向が続けば、百年以内に地球上の成長は限界に達する」と警鐘を鳴らしている。

国連の気候変動に関する政府間パネル（ＩＰＣＣ）が、気候変動は人間の活動によって引き起こされている可能性が「九五％」に上るとの報告書をまとめている（二〇一三年八月　ＣＮＮ報道）。既に地球温暖化による影響は海面上昇や異常気象の常態化によって現実のものになっている。人間活動や気候の変化によって数多くの生物種が絶滅にさらされ、現代は空前の生物種絶滅の時代と称される。

人間の社会も自然の生態系の上に成り立っているので、特に農林水産業などの食の循環に影響を与える変化には自ずと制約がある。自然循環が破壊されると継続した作物の収穫はできなくなる。食物連鎖や生態系ピラミッドが崩れると、今までの農林漁業が成り立たなくなる危険性が大である。人類が行った最大の自然破壊の一つがアラル海の灌漑である。日本の東北地方に匹敵する巨大な湖が、ソビエト政府による綿花栽培のための灌漑によって消滅の危機にある。灌漑で作られた綿花農地も、既に塩害で作物ができない状況である。ナイル川のアスワンハイダムの建設も、広大な地域が水没し、地中海に注いでいた上流からの豊かな土壌が遮断され、地中海漁業に甚大な影響を及ぼしている。目先の利益に誘導され、大規模な自然破壊を行うと、予想もしない災害を招き寄せる。自然環境の保全は人類共通の価値である。

豊かさの質も問い直さなければならない。先進国の生活様式には多量のエネルギーや水や廃棄物処理が必要で、途上国が今の先進国の生活水準をおくるには地球があと二個は必要と言われる。物理的に成長路線は限界がある。アメリカでの地中深くから石油を取り出すシェールガス革命の新技術が取りざたされているが、地下水汚染や有毒物質の地上への噴出等、環境破壊のレベルは以前の石油採掘とは比較にならないほどひどく、また地球温暖化に与える影響も甚大である。環境の維持可能な社会を建設する以外、人類の未来は展望が無い。経済成長路線は自然環境に、回復不可能なダメージを与えている。

経済法則の面からも成長路線は限界である。都市で発達した産業革命は、農村部から余剰労働力を吸収して成長を果たした。市場拡大を通じて拡大再生産を繰り返し、発達してきたが、一九九〇年代のソ連邦の崩壊によって資本主義の対抗勢力＝社会主義が力を失い、ソビエト圏は自由市場へと参入した。社会主義中国も改革開放政策により次第に資本主義的様相を強めている。ここに単一の世界市場が実現し、今後新たなフロンティアは存在しないグローバル経済となった。世界人口も今世紀末までは九〇億人に向かって増加するが、食料等のキャパシティからその後は増加も頭打ちと考えられている。拡大再生産を根拠とした成長路線の根幹が崩れている。拡大すべき新たな市場が存在しないのである。人口も九〇億人が限度で、それ以上になると水や食料、そしてエネルギーの面で自然環境に悪影響が出て、維持可能なシステムとはならない。ＧＤＰ至上主義に基づく成長路線は既に限界を迎えている。そもそもＧＤＰという指標は、経済競争の尺度ではあっても国や地域の政策目標にすることが間違っている。日本のような先進国で、今までの発展途上段階と同じＧＤＰ増加基準で経済を見ると、袋小路に陥る。道路や港湾や空港などのインフラを作っても、既に流通面では整備されているので、目立った成長は考えられない。今ある需要の奪い合いに過ぎない。神戸空港ができても、伊丹空港と関西空港との需要の奪い合いに過ぎない。中央新幹線のリニアモーターカーなどは虚構の上の需要を建設根拠にしている。巨額の投資それ自体が景気刺激策であって、乗客予想はその後付けのための言い訳でしかない。東京から大阪までトンネルの中を弾丸のように進む旅行に何の魅力があるのか。高圧電磁波による脳腫瘍の増加にはどのような対策があるのか。結局原子力発電事故のように、直ちに健康への影響はないとして情報管理することしかできない。ＧＤＰを増加させる手段として、麻生財務大臣はアメリカの財団で上下水道の民営化を公言した。フィリピン等の途上国では、フランス資本等への上下水道の権利を売却し、民営化を行った。確かに飲料水を民営化すれば、そこから利益を上げることは容易である。水道料金が五倍になれば企業も利益を上げ、税収もＧＤＰも増えるだろう。庶民は水なしでは生活が成り立たないので、五倍であろうが契約し使用する以外ない。このような今まで社会インフラであり公的分野（利益追求を目的としない）と見なされていた事業を、民営化し、GDPを増やすことは、一方で庶民の生活を追い詰めるものである。しかし、これがフロンティア無き世界経済で資本が利益を上げ続ける手段で、新自由主義と呼ばれる。

新自由主義の問題点

新自由主義が登場したのはアメリカで、ニューヨーク市の財政破綻の中から公的事業を民営化する手法として登場した。ケインズ政策に代表される修正資本主義において、富の再配分が不況対策における有効需要の創設と並んで重要な要素であった。不況時に企業収益が減少し、税金も減少するが、収入に見合った予算を国家が組めば、不況時には緊縮予算となり、余計に不況を長引かせる。そこで、国家が公共事業で失業者を雇用し、景気刺激を行うのが有効需要の創設である。当然赤字国債の発行を伴う。ケインズ等は、この赤字国債を好況時に償還すればよいと考えた。国家が経済活動に積極的にかかわるケインズ政策は、他の経済放任主義からは社会主義的と批判された。ケインズ主義が社会主義的と批判されるもう一つの根拠は、富の再配分である。弱肉強食の自由市場で、不運にして失敗し、失業・貧困生活に陥った人を、国家が雇用対策や生活保護等で援けることは、自由主義経済学者から見れば、働く意欲を減退させる惰民政策と映る。自由競争において勝利したものが利益を得るのは当然とする価値観を持つ新自由主義では、競争を阻害する規制こそが問題となる。アメリカでは第二次大戦後、基幹産業の労働者は強力な組合を結成し、豊かな生活を保障されていた。自動車に代表される高度工業国家の出現で、欧州や日本への工業製品の輸出により好況を謳歌し、労働者の生活水準も向上した。一方で比較的貧しい移民が新しい労働力として流入する環境から、資本家は労働市場の自由化を画策した。日本では一九六〇年代から「金の卵」と呼ばれる地方からの集団就職で都市の工場で働く人々が、一九八〇年代に入ると農村の余剰労働力も枯渇し、勤労者の所得が増加する時代を迎えた。日米ともに中産階級と呼ばれる人々が増え、大量消費時代と呼ばれる状況を現出した。資本家の逆襲と呼ばれる新自由主義が台頭するのはまさにこの頃である。先進国において、社会保障も充実し所得も増えた中で、国や地方自治体は増加する公的負担で財政的に行き詰りを見せていた。そこで競争原理の取り入れと自己責任というフレーズで、規制緩和とよばれる勤労者の権利はく奪が進行する。ＩＴ技術の進展により、情報通信が発達したので、遠く離れた地域における情報が、資本の利益獲得の手段として活用される。アメリカでは賃金格差を利用して利益を上げるために、外国への工場移転や移民労働者への雇用変更等、基幹産業労働者の根幹を脅かす改革が進行する。日本でも一九九〇年代から外国人労働者の受け入れやアジアへの工場移転が進行し、勤労者の所得は横ばいとなる。雇用形態も今までの新規採用から終身雇用という日本的慣習も壊れ、非正規社員の割合が毎年増える状況となった。日米ともに資本家は国内の内需を消費拡大の基盤としていた時代から、国境を越え、賃金の差を利用してコスト削減を進めるグローバル企業として価値観を転換したのである。

企業にとってコスト削減という利益をもたらすグローバル化も、勤労者にとっては途上国との賃金コスト競争に追われ、更なる労働条件の悪化をもたらすものでしかない。実際この二〇年間で世界の貧富の差は拡大し、一％の富める者が世界の富の四〇％を所有すると言われる状況になった。そこからニューヨークのオキュパイ運動も起こり、「我々は九九％である。我々のための政治を行え」との要求も出てきた。しかし、日本においては勤労者の価値観の転換は遅れている。小泉改革において、権利を奪われる勤労者が「規制緩和」を叫び支持をし、できもしないＧＤＰ成長政策を掲げる政党を政権に就かせている。勤労者所得が減少気味に推移する中で、企業の内部留保は史上最高に積みあがっている。進んでいるのは勤労者から富裕層や大企業への富の移転であり、「資本家の逆襲」といわれる所以である。

一九八〇年代の日本においては、総中流と称された中産階級の劇的増加で、社会保障も最小限で済んだ。自分のことは自分でできる条件があり、小さな政府でも政策は機能した。企業の売り上げも大衆消費社会に裏打ちされ、ＧＤＰの増加、所得の増加に従って増えた。この成功体験から抜け出せないで、ひどい悪循環に陥っているのがその後の日本である。

先進国の仲間入りをしたのであるから、以前のような成長は望むべくもない。インフラも整備され、生活レベルも必要な商品を購入できているのに、ＧＤＰを上昇させるために無駄な赤字国債を発行し続けている。非正規社員を増加し、生活保護世帯が増加しているのに、国家のセーフティネットは穴だらけである。基本的な価値観を転換させないと、資本の論理の前に困窮化が進むばかりである。

ＧＤＰ至上主義を捨て、庶民の生活レベルの推移を政策目標にすべきである。勤労時間（余暇時間がいかに多いか）はどのように変化したか。生活環境（上下水道、自然環境、安全性）はよくなったか。医療・介護環境（アクセス、コスト、時間）は改良したか。保育教育環境（子供の感性と積極性を育てる）はどうか。食生活（基本素材の確保、安全性）は維持されているか。これらの事項を他地域との比較ではなく、地域の住民の実感で前年より良くなったか、悪くなったかを問う。特に地方自治体ではこの角度こそ大事である。この結果が改良されていれば、地域住民の生活はよくなったということである。

　ＧＤＰ至上主義では、平均値を比較して昨年より豊かになったかどうかを判断する。しかし、現在のように富が一部の人に集中する時代では、平均値ではなく中間値を指標にすべきである。金融広報中央委員会による「家計の金融行動に関する世論調査（二〇一二年）」（二人以上世帯）のデータを見ると、世帯の金融資産の平均値は一一〇八万円であるが、所得の多い順に並べた中での真ん中の人の値は四五〇万円の貯蓄である。一部の人が富を独占し、平均値ではそれが庶民の所得の増加のように表示される平均値によるまやかしである。そのＧＤＰの中身も、今までは家族で助け合っていたことを、外部に委託し金銭の授受が生じるようにした結果、数字上ではＧＤＰの増加となる現象もある。相互扶助を少なくし、金銭関係に置き換えればＧＤＰは上昇する。生活は豊かになったとは言えない現実がある。現在の日本のように公共部門を民営化し、企業利益の土俵にする社会では、公共部門の民営化が進めば進むほどＧＤＰは増加するが、反比例して庶民の生活は苦しくなる。総中流と呼ばれた時代からどんどん階層分化が進み、富裕層や大企業に富が集中する構造では、国内的には矛盾が増加する。皮肉なことに富裕層や大企業は円の過剰流通による円安や国家債務超過によるデフォルトの危険性から外国資産への逃避ができるが、庶民は逃げようがないのが現実である。いみじくも政府は法人税減税にあたって、企業や資本が外国に逃避しないように企業負担を下げると表明した。一方で確実に進む消費税増税を見るとき、庶民は逃げられないので負担を甘受するようにと言っているように思える。まさに極端な金持ち優遇策である。法人税を減税することと企業立地の判断は関係がない。法人税は企業活動の結果、利益が出た企業のみが支払うのである。利益が出やすい場所に立地するのが企業判断で、法人税が安いからと言って、企業利益が出ないところに進出する者はいない。また、数パーセント法人税が安くなったからと言って、大規模な設備投資資金が必要な工場移転を考える経営者もいない。日本の企業の七割は赤字企業で法人税を支払っていない。法人税の減税は、法外な利益を得ている大企業のみを優遇するものである。世界的な大企業であるトヨタが毎年一兆円もの利益を上げながら、ここ五年間でほとんど法人税を払っていない。一方で輸出による消費税の還付金は巨額を国から受け取っている。不平等を絵にかいたような現実がこの日本にはある。

ＧＤＰ増加の成長路線は、これまで見てきたように大企業や富裕層の利益を優先し、庶民には消費税増税や公的福祉部門の削減と言う負担増になるものである。一九九〇年代から二〇一〇年にわたって「規制緩和」や「国債競争力の強化」と呼ばれた政策は、中間層を没落させ、企業の賃金コストを下げ、富裕層に富が集積するシステム創りである。残念なことにＧＤＰ至上主義を克服する政党は日本には出現していない。一九八〇年代までの成功体験を、未だに引きずった後ろ向きの政党ばかりである。先進国の仲間入りをしたのであるから、低成長は当然で、生活の質を問い直す維持可能なシステム創りこそ求められている。

3　日本型システムの問題点

前章で日本の指導層は、一九八〇年代までの成功体験を忘れられず、未だに成長路線を追い求めていると指摘したが、政官財とマスコミが一体となった日本型癒着システムを打破することは、とても困難である。前節での成長の限界は、地球環境の悪化と経済的フロンティアが世界経済の成立と共になくなったことを挙げた。日本の場合には、それに加えて少子高齢化の急激な進展が挙げられる。働き手が少なくなるのに生産を高めることは至難の業である。人口減少に伴って消費も減退するのであるから尚更である。それでも今までの成長路線しか思い描けないのが日本の指導者たちである。

成功体験という角度でいうと、日米安保条約がある。第二次世界大戦の敗戦で戦争放棄の平和憲法を国是とする国に変化したが、朝鮮戦争やベトナム戦争による特需で経済回復をし、その後「所得倍増政策」等で経済的成長に特化した結果、一九八〇年代後半には「Japan as No.1」とまで称される格差の少ない国民総中流と言われる社会を現出した。しかし、その一方で日米安保条約の負担を一九七二年の沖縄の「本土復帰」前後に、日本全国から沖縄に集中させるという、沖縄の軍事植民地状況の固定強化という差別政策を行っている。現在では国土面積わずか〇・六％の沖縄に米軍専用施設の七四％が集中する状況で、墜落事故を繰り返すオスプレイの配備を強行している。他の地域では考えられないことだが、沖縄県内全ての市町村長と議会議長が「建白書」を安倍総理に手交し、配備反対を要請したが、逆に一二機の増加配備を二〇一三年八月に強行された。

アメリカは第二次世界大戦時、沖縄で地上戦を戦い、血で獲得した領土という意識がある。歴代の米国政府も沖縄の軍事利用に対して「米国の望む兵力を、米国の望む場所に、米国の望む期間」使用できることを希望すると明言している。一方で、国際社会からの「軍事植民地批判」を避けるために、日本政府の了解のもと使用しているという形態をとっている。現実は日米政府による軍事植民地として固定化されていて、国連の国連人種差別撤廃委員会が出した二〇一〇年三月の日本政府への「最終見解」(勧告)でも「沖縄の人々が被る持続的な差別について懸念を表明する。さらに、委員会は、沖縄における軍事基地の不均衡な集中は、住民の経済的、社会的及び文化的権利の享受に否定的な影響があるという現代的形式の差別に関する特別報告者の分析を改めて表明する(第二条及び第五条)」との声明を出し、現代における差別であると表明している。

沖縄の日米安保の過重負担という差別状況を背景にして達成された日本の経済成長は、日本国民の「人権意識」を曇らせ、正常な日米関係を構築しようとする政治家を次々と葬った。孫崎享著『戦後史の正体』に詳しいので参照されたい。

その内の一人である小沢一郎の場合は、大きな影響を今も及ぼしている。元々は自民党の権力中枢にいた小沢一郎は、総理大臣候補を呼びつけ、面談をして決定したとしてキングメーカーと言われた。しかし、米国従属関係や政官財とマスコミの癒着構造が中央集権体制の課題克服に大きな障害になっていることから、自民党を離党し政治制度の改革に乗り出した。小沢改革が皮肉なことに現代の有権者の二割の支持で圧倒的多数を国会で占める小選挙区制度として現実化し、立憲主義を否定する安倍内閣を生んだのであるが、当時は政権交代ができる政治制度として採用された。小沢一郎は、日米安保に対しては「第七艦隊が居れば在日米軍基地は必要ない」と発言し、議論を巻き起こした。米国にすれば世界戦略上、自由に在日（特に在沖）米軍基地を使用したいので、小沢批判を強めることになった。東京一極の中央集権体制による利益を享受している中央官僚は、小沢排除に画策し、特に検察官僚は政治資金規正法の虚偽記載という多数の議員が犯している微罪で常に小沢を「被告」に置き続けることで、その影響力を削いだ。民主党が総選挙で勝利し、党首である小沢一郎が首相になるべき時も、「限りなくクロに近いグレイ」として検察とマスコミが論陣を張り首相への道を閉ざした。民主党政権への七割を超える支持率も普天間移設問題と小沢・鳩山の政治資金問題で支持率が急落し、自民党回帰への道筋を作った。特に検察審査会における虚偽の証拠での起訴相当の判断や、検察審査会の在り方、証拠偽造への検察の責任等、「一人の検事の勘違い」として、検察が犯した実質的な「クーデター」への責任は不問にしている。民主党政権内にあっても、小沢追い落としの策動は見られる。野田内閣に在って小川敏夫法務大臣は事実解明のために指揮権発動を提案したが野田首相によって罷免された。

官僚組織の特徴は前例踏襲であり、前年踏襲である。変化を嫌い、前任者の問題点を指摘しない。一九八〇年代までの成功事例から発想が離れず、一九九〇年以降もＧＤＰ成長路線から切り替えが効かない。この傾向は現代の日本に当てはまるだけでなく、歴史的にも繰り返されている。歴代の中国王朝では官僚組織は徐々に肥大化し、遂には重税から民衆の反乱を招き王朝が転覆した。中国ではこれを易姓革命と呼び、社会正義の行動として何度も繰り返されたことである。官僚制度の改革という面では、日本においても土光臨調と言われる行財政改革を国家の大事とした時代もあったが、直後のバブル景気で中止となった。一九九〇年までは日本は赤字国債の事例も少なく、累積債務もなかった。バブル経済崩壊後、景気刺激策と称して毎年税収を上回る支出予算を組み、赤字国債を積み上げていった。二〇一三年六月には遂に千兆円の大台を突破し、国家破綻の危機を招来している。縦割り行政の中で、予算と人員を確保したい行政の本性を制御しなければ、古代の中国と同じように官僚組織の肥大化を招き、政権転覆によるご破算でゼロからの出発をしなければならない。残念なことに現代日本においては、政権交代がなされても官庁組織はそのまま温存され、肥大化した予算規模も野放し状態で、国家予算を上回る特別会計も手つかずであった。中央官僚は実質的に国家を支配し、選挙の洗礼もないことから身分は安泰で、改革を嫌う。このような弊害を克服するためにイギリスにおいては剛腕サッチャー首相が中央集権を与る官僚に集中していた権力を分散させ、地方分権を進めた。アメリカでは、行政府（大統領府）には法案提出権を認めず、各国会議員に平均二七名いる政策担当秘書が法案を作成する。まさに立法府として機能し、官僚が利得を得るスキがない。それに比べて日本では、数少ない議員立法の場合ですら関係官庁に素案から各政党への根回しも依頼する。法案のほとんどを占める内閣提出の法案では、施行の詳細を政令で定める条文が入っており、時には官僚に有利になるように基本法の趣旨すら違える規則をすべり込ませている。霞が関文学と呼ばれる法律の条文は、専門部署の官僚でしか正確な意味を読み取れないブラックボックス化し、裁判官もその解釈に従っている。

環境影響評価法という法律が一九九七年に成立したが、実際の運用は政令で定められている。この弊害が随所に現われている。沖縄県の本島北部地域は、やんばると呼ばれ、世界自然遺産に指定運動があるほど生物多様性にあふれた地域である。ノグチゲラやヤンバルクイナなどの天然記念物も多く生息し、世界的にも砂漠地帯が多い亜熱帯には珍しく湿潤性気候で未解明の有用生物の存在も期待されている。そのやんばる地域は日本全国の二倍もの林道密度で、網の目に張り巡らされた林道は生物多様性に甚大な被害を与えている。しかもこの林道は産業育成のためではなく、建設自体が目的化した無駄な公共事業の典型である。「やんばる林道裁判」において費用対効果の数値を担当部局が提示できず、実際にもほとんど林業に貢献していない実態が暴露された。農林水産省は、予算獲得と消化のため、毎年のように林道建設を行い、自然環境に負荷を与えていた。環境影響評価法はそのような工事が自然環境に与える負荷を軽減し、事前のアセスメントによって利害関係者にどのような課題があるか知らしめる法律であるが、施行規則や施行令によって一〇キロ以下の短い林道はアセスメントをしなくて良い規則をすべり込ませた。一本の連なった林道であるにもかかわらず、建設申請を一〇キロ未満で行うことで事前審査なく予算が執行できるように中央官僚は策を弄したのである。形式上は日本の法律は国会で作ることになっているが、法律の条項を正確に解析できる議員はどれほどいるのであろうか。本当のところは担当省庁が素案から修正案に至るまで条文を作成している。国会で繰り返される天下り防止のやり取りを見ても、官僚の天下であることが分かる。

その官僚と政治家が、ここ二〇年間繰り返し唱えてきたことが「赤字国債は将来の日本のための現在の投資である」という言い訳である。景気刺激策が成功すれば将来税収が増えるのであるから、今の赤字国債は必ずしも将来世代への負担にはならないとするものである。しかし、千兆円もの国家債務が積み上がってしまった現在、明らかに将来不安が景気の足を引っ張っている。官僚は予算と人員を確保するため、政治家は選挙区の有権者にばらまき事業を持ってくるため、どんどん赤字予算が膨らんだ。前出の土光臨調では「平時の革命」とまで言われ、官僚組織のスリム化が国家の最大課題となったのであるが、今では中央官僚を諫める者が居ないありさまである。

東日本大震災を経験して、防災に力点を入れる角度から、国土強靭化計画を自公政権は打ち出している。かつての公共事業のばらまきが名目を変えて復活している。自然災害が起こってからでは手遅れなので、赤字国債を発行しても、どんどん対策を進めるべきと言う主張である。しかし、立ち止まって冷静に考えてみると、この理屈も破綻している。赤字国債を発行して公共工事を行うということは、事業の先取りである。例えば二〇一三年と二〇一四年、そして二〇一五年を比べた場合、大規模災害が起こる確率は同じと考えるべきであろう。一方で、例えば地震への知見や耐震技術は将来の方が進んでいると考えるべきである。それなのに二〇一三年に将来の工事費用を先取りして今の技術で例えば防波堤や耐震工事を行えば、後の時代では予算不足で工事に制約が出ることも起こりうる。千兆円を超える国の債務から、赤字国債が将来は市場で消化されないからである。当然、将来世代からすれば、各年度で緊急性のあるものから各年度の予算内で行っていればよかったのに、ということになる。

公共事業費が景気刺激策として考えられているので、前年度比で減少にすれば土木建築業の業績悪化を招き、景気に悪影響が出る。一旦膨らんだ予算を減少させることが困難な理由がそこにある。それでも、国家の将来、国民生活の将来を考えれば、赤字国債を増やすということにはならないはずである。今が良ければ、自分さえよければ、という刹那主義が赤字国債の膨張を生んでいる。

ドイツでは二〇〇九年の憲法改正で均衡財政を規定し、対ＧＤＰ比〇・三五％以内でないと赤字予算を組めなくしている。憲法で規定することによって、日本のように中央官僚や政治家がばらまき予算を組めなくしている。官僚や政治家の習性をドイツ国民が理解していると言うべきである。収入に応じた支出予算を組む現在のドイツを見ても、中央官僚や政治家が言う赤字国債が将来世代のためという言い訳が嘘だと分かる。日本と同じように高度工業国家を目指すドイツは、均衡予算でも尚かつ、原子力発電を止め、自然エネルギーに変えても成長を維持している。今さえ良ければという官僚と政治家が、将来世代への巨額の負債を作り続けたのである。

このような赤字予算を毎年のように組み続けられるのは、それを負担する将来世代が政治経済的に無知で、選挙の投票にも行かず、無条件で政治家に信任していることによる。「政治家のレベルは有権者のレベルである」と称されるように、日本では有権者が政治経済の知識を持ち合わせていない。対比のためにコスタリカの政治教育の状況を取り上げる。

コスタリカでは選挙はさながらお祭りのようである。国民を上げて熱狂し、引きも切らず演説会やパレードが開催される。選挙が始まると小学校でも児童が与野党に分かれて応援演説をする。投票を呼び掛けるパレードを行う。投票権のない学生・生徒の模擬投票が行われ、その結果が新聞に発表される。司法システムとしても憲法裁判所が平和憲法に政府が違反しないか判断し、国民も日常的に憲法裁判所を活用する。例えば、イラク戦争開戦時にコスタリカの大統領がアメリカのイラク攻撃を支持する国際署名に同意した。その行為を平和憲法に違反する戦争荷担になるのではと一人の大学生が憲法裁判所に提訴した。日本では考えられないことであるが、その学生は裁判に勝利した。その結果、大統領はアメリカのイラク戦争への同意を取り消した。日本ではアメリカのイラク戦争を支持し、その後フセイン政権のアルカイダとの関係や大量破壊兵器の情報が誤っていたことが分かっても、訂正や国民への謝罪もしない。実際には国民も政府も平和憲法を毀損している。このような状況になったのは、文部科学省が有権者に対する政治判断ができる主権者教育を一貫して拒否しているからである。

日本においては、二〇歳から二五歳までの選挙権を得た主権者の三人に二人が国政選挙を放棄している。どのような基準で、どの政党に入れて良いか判らず、関心がないからである。学校教育の中で、日本の政党の政策論争を行ったことがある有権者はどれだけ居るであろうか。かつての日本が総中流と言われた時代では、各自がそれなりの所得も貯蓄も持っていたので、小さな政府で問題は起きなかった。中産階級が崩壊し、少数の富裕層の一方で、生活困窮者が増加する時代にあっては、富の再配分は不可欠である。時代状況が変化すれば、要請される政策も変化する。しかし、肝心の有権者の意識変化がない。

Pew Research Center（略称ＰＲＣ）というシンクタンクがある。アメリカ合衆国のワシントンＤＣを拠点としてアメリカ合衆国や世界における人々の問題意識や意見、傾向に関する情報を調査するシンクタンクである。そこが二〇〇七年八月に世界の人々の意識調査を発表した。資本主義社会では、個人の努力に関わらず生活が困窮することがある。世界ほとんどの国の国民は、その圧倒的多数が国による生活保護を評価している。その中で極端に国による生活保護に否定的な国民は日本である。完全に反対が七％、ほぼ反対が三一％で、合計三八％が否定的である。個人主義の国として認知されている米国ですら、完全に反対が一一％で、ほぼ反対が一七％の合計二八％であり、その米国よりも一〇ポイントも多い。世界のほとんどの国は八〇％から九〇％を超える比率で生活保護を肯定している。時代状況の変化に国民意識がついて行けないで、以前の総中流時代のままである。一九八〇年代の日本は総中流社会で、所得も多く、家計にそれなりに蓄えもあった。そのような時代では小さな政府で問題は起きないが、現在のように「格差社会」が進展し、勤労者も正規雇用が減少し、非正規雇用が四〇％に達する状況では、一旦職を失えば蓄えも少なく生活が困窮する。そのためのセーフティネットである生活保護を国民は正しく理解していない。これはマスコミや政治家がことさら不正受給を取り上げ、まるで生活保護を受給する人を「社会のお荷物」のように主張しているからである。社会構造が変化し、既得の技術では職に就けない場合もあるし、事故や病気で働けない場合もある。家庭の事情でフルタイムの就労ができず、アルバイトを繰り返す場合もあるだろう。それやこれやを合計しても日本の生活保護世帯比率は世界的にもきわめて低い状況である。一つの例証であるが、『生活保護改革ここが焦点だ！』（生活保護問題対策全国会議編　あけび書房）によれば、二〇一〇年の比較で日本の生活保護利用率は一・六〇％で、ドイツは九・七〇％、フランスは五・七〇％、イギリスは九・二七％、スウェーデンは四・五〇％である。その後日本の生活保護率は上昇し三％程度になっているが、それでも世界的には極めて低い状況である。国民の権利を正しく理解していないと言うべきであろう。日本型システムの問題点という場合、マスコミの権力癒着構造も民主主義国家としては大問題である。この章の始めの部分で小沢一郎が「米国従属関係や政官財とマスコミの癒着構造が中央集権体制の課題克服に大きな障害になっていることから、自民党を離党し政治制度の改革に乗り出した」と書いた。民主主義において、主権者国民が自らの主権を行使するためにも国が行っていることの情報や、国が集めた情報の公開は不可欠である。事実を知らされなくては、判断も行動もしようがない。国民が事実を知るうえで国家や官庁が進んで情報を公開する「情報公開法」と、ジャーナリズムが権力者の隠そうとする情報を調査把握し、報道するマスコミの役割が重要である。日本では、もともと情報公開法による国民の情報共有という道筋がきわめて弱い。情報公開の手続きが煩雑で、官公庁は要求された情報を黒塗りして読めない状態で公開する場合もある。この黒塗り情報を明らかにさせるためには裁判に訴えるしかない。一般市民が時間とコストをかけて何度も裁判を行うのは至難のことである。在日米軍関連では、防衛省はほとんどの情報を隠し、情報公開によって請求しても黒塗りの資料が出てくる。裁判にかけても日本の司法が長期政権寄りの姿勢で、国民の権利擁護よりも対米摩擦に配慮し、必要最小限の情報公開も政府に要求しない。そのような中ではマスコミを始めとするジャーナリズムの役割が大きくなるのであるが、そのマスコミも長期政権と癒着し、政府の垂れ流し情報は報道するが、政府批判の動きや、政府にとって都合の悪い情報は報道しないか目立たないベタ記事にする。

安倍政権になってからは政府のマスコミ操作は露骨になっている。官邸は政府情報の垂れ流しをする新聞とテレビを優遇し、政権に批判的な情報を流すマスコミは排除する。日本記者クラブというおよそ先進国にはなじまない閉鎖的なシステムをとり、フリーのジャーナリストには記者会見すら同席させない。国民の知る権利は無いも同然である。ＮＨＫ人事でも安倍内閣は露骨な介入を行う。ＮＨＫは経営委員によって意思決定がされ、ＮＨＫ会長の人事権もある。二〇一三年に安倍内閣が提出した四人の経営委員人事は、そろって右派民族主義者だった。ＪＴ顧問の本田勝彦、哲学者の長谷川三千子、小説家の百田尚樹、海陽中等教育学校長の中島尚正の四人で、不偏不党や公正公平とはほど遠く、右翼活動家の野村秋水氏を礼賛したり、原発推進を演説したり、憲法九条改正・軍隊創設を主張したり、安倍首相の支援団体「四季の会」

メンバーであるなど、明らかな安倍首相の盟友たちである。ＮＨＫ経営委員会は一二人で構成され、うち四人が反対すれば会長にはなれない、いわば拒否権を持ったことになる。そして二〇一四年一月には籾井勝人が新会長に就任し、露骨な安倍政権広報活動を行っている。

二〇一四年一月の就任会見から早速公共放送のトップとは言えない発言を行った。従軍慰安婦では「戦争地域にはどこにもあった」と発言し、日本軍が行った行為は取り立てて問題ではないとの意見を表明。特定秘密保護法は「(国会で法案が)通ったので、もう言ってもしょうがない」と問題点を掘り下げる立場を放棄した。また安倍首相の靖国参拝問題では「総理の信念で行ったので、いい、悪いと言う立場にない」と、まるで世間話をしている一般人のように話した。従軍慰安婦問題は、女性の尊厳と人権をないがしろにする許されないことである。先進国で普通に行われているとする認識がそもそも間違っているし、例え他国で行っている例があるとしても、そのことを含めて問題にすべきである。特定秘密保護法は国民主権を担保する情報公開に逆行する法律で、マスコミのトップとして法律が成立したから仕方ないと言うべきものではない。総理大臣の靖国参拝は、侵略戦争を反省し、敗戦を受け入れた立場を放棄し、戦争指導者を崇拝するものとして常に国際的な批判を受けている。総理の信念こそ問題にすべきで、ＮＨＫの現職会長が判断を放棄するような意見を述べることは、首相の行為を容認することになり、このようなトップの姿勢は報道現場にも多大な影響を与え、およそふさわしくない。籾井会長の就任により政権批判の情報や集団的自衛権行使を目論む「戦争法案」の国会中継は削減され、特に連日国会前を埋めた「戦争法案」反対の市民行動については、ほぼ黙殺された。このような露骨なＮＨＫの安倍政権擁護の姿勢は、ＮＨＫ退職者二千人(二〇一五年一〇月時点)に及ぶ籾井会長辞任要求という異常事態にまで発展した。

4　民主主義と社会参加

日本では、学校教育で民主主義とは多数決に従うことと教えられる。時には多数決と同義語として説明されてもいる。また、政治の世界においては、代議制が民主主義と教えられる。間接民主主義という言葉も日本では普通に使われている。しかし、現在の日本の国会で成立している法律は、主権者国民の意思に沿うとは考えられない。原発再稼働容認も集団的自衛権もＴＰＰも、多くの国民が疑問や批判を持つ法律が成立している。民主主義的とよばれる方法によって、民主主義的でないことが進められている。それは何故なのか。選挙制度の問題もあるだろう。それ以上に民主主義とはどのようなことを指すのか。民主主義に反することは何なのか。歴史上の哲学者の思索も借りて内容を深める必要がある。では民主主義とは何を指す言葉なのか。それを考察するために、学校教育における固定概念を取り払い、民主的という状態を考察することから始める。

複数の人間で構成される集団が結論を得る方法には、いろんな形態がある。封建時代には国王が意思決定権を持っている。これは明らかに独裁と言われる状態で、民主主義とは対極にある。ひとりの国王が独裁で決定する状態と比べれば、複数の大臣が合議によって結論を得るのは、独裁との比較において民主的であろう。しかし、主権在民という現代的価値からは民主主義とは言いえない。多数の一般人の意思が無視されているからである。また、固定した身分の大臣が複数で議論して決定するよりも、役割を交代可能な人々が議論する方が民主的と言える。より多くの人の意見が反映される可能性があるからである。より多くの人の意見が反映されていれば民主的とすれば、多数決を民主的方法と理解しても問題が無いとも言える。しかし、マイノリティの立場を考慮すると多数決は問題がある。民主的とか民主主義を考察する時に、より独裁的な状態と比べて民主的と評価できる面と、まだ問題として解決できていない両面があることを直視する必要がある。

現実に即して考察すると、在沖米軍基地の問題がある。沖縄戦の過程で住民は強制的に収容所に入れられ、その間に平坦な土地を中心に基地建設が進んだ。故郷に戻ると既に家や田畑は無く、基地の鉄条網に囲われていた。その後も軍事占領下で人権も認められない状態が二七年間続き、「本土復帰」後も国土面積の〇・六%にすぎない沖縄県に米軍専用施設の七四%が集中している。この状態に対して、沖縄県民は何度も強く負担軽減を要求しているが、日本全国の国会議員の一%に過ぎない沖縄選出議員がいくら頑張っても、国会での多数決では沖縄への基地押し付けは変化しない。この状態では多数決は機能しているが、民主的と言えるだろうか。少数者に負担を押し付け、多数者や優位な者の意向を、少数者に負担として押し付ける、これでは差別以外の何物でもない。このような多数決は民主主義とは異質のものである。

北半球最大のアオサンゴ群落と付近の生態系と白保の住民の生活を守るために争われた新石垣空港問題でも、多数決の問題点が現われる。魚が湧く海と呼ばれた白保海域が、地域住民の同意なく空港建設の埋め立て予定地に決定されたことから始まった反対運動は、行政指導の広域漁業協同組合化により白保の海で生活をしていない漁業者による多数決で、海域の漁業権放棄を行った。埋立補償金を目当てにした自然破壊が、地域の生活保全・環境保全より優先したのである。ひとり一人の権利は平等という悪弊により、自然環境と関係性が薄い多数派が、生活に密着した自然保護の少数派を圧殺したのである。

自己決定権とも関連するので、触れておきたいが、国際人権法では悪平等は排されている。先住民族の権利に関する国際連合宣言（二〇〇七年九月　国連総会第六一会期）がある。先住民族はその土地に関する権利を有すると明言されている。ハワイイやグアムにおいて、既に先住民族は少数者となっている。住民の多数を占めるアメリカからの移住者、特に米軍関係者はアメリカ政府の政策を地域社会の自然環境や文化の維持よりも重視する。

中国においても、チベットやウイグルの自治区においても、漢民族が多数派である。それらの地域で多数決や代議制政治を行えば、少数者の権利が守られることは無い。地域の自然環境や文化との関係性において、先住民族と移住者とは濃淡があり、関係性の強い方の意思を重視しないと歴史的な言語や文化、そして自然環境が守れないことから、国際人権法において先住民族の権利は優先的に保障されている。しかし、例に挙げたアメリカや中国が先住民の権利に真摯に向き合っていないことは遺憾である。この点は後ほど、目指すべき琉球社会の項でも取り上げる。

ここで民主主義のあるべき一つの面が現われる。他者に犠牲を強要しないということである。学校教育で教える多数決が民主主義というのは間違いである。議論によって少数者がやがて多数に変化する可能性があるので、自分の意思に沿わなくても多数決には従おうというものである。しかし、一般社会において、マイノリティは、ほぼ常にマイノリティであり続ける。性同一性障害が社会の多数になるまで社会的差別を放置してよい訳はない。多数決に従えと言うのは、多数こそが正義という誤った立場に立脚している。

フランス革命に先立ち理念的思想を確立したジャン＝ジャック・ルソー（Jean-Jacques Rousseau, 一七一二年六月二八日−一七七八年七月二日）は、多数決は民主主義ではないと喝破し、代議制も欺瞞であると論じている。

ルソーの思想は、自然状態の人間は自由でかつ平等である。社会や国家は、自由と平等を究極の価値として組織されるべき。社会や国家は、その構成員全員の意思と、かれらの契約によって形成されるので、主権（最高の権力）は君主ではなくて構成員全体に属すること（国民主権）。国民全員による政治参加で、国民全員の総意（一般意思）を政治に反映させる（直接民主制）べき、というのが彼の思想である。多数決は集団が意思決定をする一つの便宜的方法で民主主義とは関係がない。集団の意思決定の方法には、全員があみだくじを引く方法もある。それならば構成比に応じて少数者の意思通りの選択がなされる機会がある。成員の一割の少数者でも一〇回に一度は当たりを引き当てられる可能性がある。多数決では常に少数者は多数に従うのみである。このどちらをより民主的と考えるかは、その人が育った環境と受けてきた教育に左右される。

多数決がマイノリティの権利を蔑ろにする可能性が強いので、より民主的色彩を強めるならば、多数決に関係性の濃淡を考慮すること。そして多数決の結論に不満のある者は、その決定に従うか、その決定に関係する事項については関与を拒むこと（拒否権）を認めるべきであろう。それでは、多数決の意味がないと主張する向きもあろうが、同意する人々でその決定を進めるという選択は、実社会ではよくあることである。同意しない人に多数決の結論を強要するのは人権にも係わることである。

日本における民主主義

民主主義や国民主権を実体化するために、人々は時の権力に対して、それこそ命がけで戦い、権利を獲得してきた。しかし日本においては、そのような権力打倒の闘争を、政治権力を持たない人々が行った経験が無い。明治政府誕生のような権力の移動はあるが、その後も権利奪取闘争と呼べる権力者に対する一般国民の民主主義を成立させ、権力にタガをはめるような闘争はない。極論すれば明治期に西欧民主主義を外来文化として輸入したのであり、国民主権も戦争に敗北した君主制（天皇に主権）が崩壊したことによって誕生した。国民に権利意識が骨肉化されていないことが、権力者の恣意的行為を生む温床になっている。

戦前の実際の政治において、天皇が行政行為を行うわけではないので、天皇制といっても実際は絶対多数の国民を合法的に行政に従わせるシステムである。現日本国を改定しようとする保守勢力が明治憲法に拘泥するのも、そこに理由がある。政治家やキャリア官僚は民主主義の国家にあっては、限られた予算と人員を活用して有効なシステムを構築し、国民の要望に応える必要がある。しかし、政治家やキャリア官僚も人の子である。能力に限界もあれば、個人的な利益を確保しようともする。日本の法体系は、明治の欽定憲法時に制定された民法や刑法を基礎にしている。敗戦後、全体主義の復活を恐れた連合国側の要望で、極端な旧制度（アンシャン・レジューム）は改革されたが、大きな改革が社会混乱を引き起こす危険から、庶民の生活に関連する家制度の残滓や女性蔑視の法律は残ったままである。国民の御上《おかみ》意識も残されている。民主主義の理念に照らせば、明らかにおかしいことも慣例として行われている。政治家やキャリア官僚という地位にいる者からすれば、国民にはできるだけ大人しくしてほしい。要望や不満、特に権利主張には気を使う。そこで国や行政に従順に従う国民意識を形成する方向に持っていこうとする。法律による情報管理と教育である。安倍政権が行おうとしている教科書検定基準の「愛国心」なしでは不合格にする方針や、秘密保護法制定は、「与らしむべし、知らしむべからず」という戦前の国民管理の思想から来ている。ちなみに前述の思想家ルソーは、民主主義の前提として透明な情報共有を主張している。為政者が批判されそうな内容を隠せば、主権者は批判の根拠すら得られない。

国民が闘争で獲得したのではなくても、戦後民主主義は西欧社会との対比で日本社会を変えてきた。欧米の先進国はこのように進んでいるという情報や知識が、上意下達の制度を徐々に民主主義的な実態に変えてきた。しかし、日本の政治家やキャリア官僚の意識には、自分たちが国を動かしているという自負がある。巨額の予算を動かしている日常から、自分たちもその恩恵にあずかれないかと考える。勝手に入手すれば業務上横領という罪に問われる。合法的な方法で国家に貢献している報酬を得たいと考える。そこから特殊法人の設立や特別会計という、国民から見えないシステム（ブラック・ボックス）を作り出す。

戦後民主主義の中で、官僚や政治家が腐敗しだしたのは田中角栄が道路財源を作り出してからである。高度成長期に自動車に税金をかけることで道路財源を生み出した。単純に金持ちだろうが低所得であろうが、道路を使う自動車を所有すれば税金がかかるのである。この新たな巨額の税収は、道路建設という土木部門に投入され、ゼネコンと呼ばれる土木建設分野が巨大化し、どこに道路を建設するのかを決定する政治家や官僚の権限が強くなった。この時に道路財源を創設した現在の国土交通省につながる建設省が、当時の大蔵省（現財務省）からフリーハンドで予算の使用権限を得た。これが業者と政治家や官僚との癒着を生み、公共のためではなく自分の利益のために政治を動かす風土を作った。しかし、このような状況は取り立てて日本固有の現象ではない。政治家や幹部官僚になれば、権力を利用して合法的に利益を得ようとするのは洋の東西を問わず、どこでもありうることである。それを監視するのが国民の役目で、それができないと徐々に民主主義が形骸化する。日本では特別財政というブラックボックスに、国家予算より多額の金額が流用され、官僚の天下りや政治家との癒着が常態化している。防衛庁は業者との談合や違法行為を繰り返し、防衛省へと焼け太りした。このような事態を疑問視したり批判する国民を管理するのが秘密保護法であり、将来の有権者の管理が教科書検定である。

社会が複雑化し、構成員も増えると民意が制度に伝わりにくくなる。しかし、民意を出来るだけ取り入れるのが民主主義である。管理する政治家やキャリア官僚からは逆の要求が出てくる。民意を反映していくときりがないので、上からの管理で合理的に制度を運営したいというものである。権力を握る政治家やキャリア官僚が一般庶民より強い立場になるのは、どこの国でも起こることである。それ故、権力者にタガをはめ、暴走を抑止するシステムを国民主権国家は取り入れる。行政システムの中でも、政策を推進する立場と、チェックし抑止する立場の綱引きの中で政策は運営される。この面でも安倍政権は異常である。インフレを抑止する役割を持つ中央銀行である日本銀行に、過剰な貨幣の流通を指示し、有無を言わさずインフレ政策を推進している。震災瓦礫の広域処理でも放射能汚染された物質を被災地以外で焼却し、汚染を広げる業務を、本来は汚染を防止する環境省が行っている。行政の有効性や問題点の指摘は推進と抑止の綱引きの中で検討されるが、推進しか考慮しない安倍システムでは業務が破たんするまで進行する以外ない。

小泉政権以来よく使われる有識者会議や有識者懇談会も問題である。最初から結論ありきで、政権の意向に同意する人物を内閣官房等が指名して、さも国民の意向のように検討結果を発表する。まるで独裁政権である。二〇一三年九月に六〇人の有識者懇談会のメンバーへのアンケートが公表されたが、消費増税に反対はわずか三名であった。それを受けて一〇月一日に安倍総理は二〇一四年四月一日から消費税を五%から八%に上げた。消費増税にはどのような効果とリスクがあるのか、対立する意見を交わし、議論しなければ理解は深まらない。賛成者ばかり集めて、マスコミに第三者の検討のように発表するのは国民を愚弄するものである。当時の国民の意識としては、大多数が消費増税に反対であった。政治の場においては、そのことは顧みられなかった。

思い返せば二〇一二年一二月の総選挙では五九・三二%の低い投票率しかなかった。一億人の有権者のうち選挙区で自民党に投票したのは二五六四万人。比例代表では一六六二万人である。平均して有権者のたった二割の支持で自民党は圧倒的多数の議席を占め、「日本を取り戻す」と戦後民主主義の否定を行っている。ここにも日本の政治システムの問題点がある。また、マスコミもオーナーや社長・幹部が安倍首相との会食を繰り返し、政権癒着を恥じない状況で、報道も権力に対してチェック機能を失い、行政の告知機関と成り下がっている。震災瓦礫の広域処理では政府の告知報道に巨額の税金が投入され、そこにマスコミが群がり、政策の合理性や問題点の指摘というジャーナリズムとしての使命が黙殺された。

政官財とマスコミの癒着という現代日本の問題点に対して、残念ながら解決の妙案はない。特に日本の屋台骨を支え続けている官僚機構が、広く国民のための公明正大な立場を保持せず、天下り役人がシロアリと称されて自己の利益を優先する事態となっては問題の根は深い。改易革命という言葉をご存知であろうか。長い王朝の歴史を持つ中国において、支配が長期化すると徐々に官僚機構が肥大化していく。王朝と言っても実際の政治を行うのは官僚である。与えられた権限を広げていき、予算を増やし、人員を増やす。その挙句に増税が必要になり、庶民の生活が困窮する。その中で醸成された庶民の価値観が改易革命で、天命により古い王朝は滅び、新しい王朝が勃興するとする。悪政のもとでは叛乱や革命が正義である。また、そのようにしなければ肥大化した官僚機構の刷新はできないというものである。一九八〇年代の経団連会長であった土光による臨調は、「平時の革命」との使命感から行政のスリム化に取り組んだが、直後のバブル経済と税収増加の中で必要性が否定された。

総選挙において有権者の二割の支持で、安倍政権のように平和憲法を踏みにじり、教育を政治の道具とし、国民主権の担保となる知る権利を「秘密保護法」で封殺することができる。このような脆弱なシステムが日本の民主主義である。なぜ、このようなことが可能なのであろうか。国民が投票とともに主権者としての権利を政治家に委ねているからである。この章の最初に記述したように、日本の国民は権力に対して闘争し、権利を勝ち取った歴史が無い。西洋民主主義を外来文化として受け入れ、敗戦によって天皇主権から国民主権に変化した果実を受け取ったに過ぎない。中国の王朝と同じように長期化した官僚システムは肥大化し、制御不能になっている。税収が五〇兆円の国で、百兆円の予算を組み続けている国がどこにあるだろうか。縦割り行政と前年踏襲の悪弊から抜け出せない官僚機構がある。このままでは国家破綻すると理解した政治家や一部官僚による改革の試みは行われている。しかし、その改革を継続するには国民の理解と支持が必要で、現実には圧倒的に不十分である。

国民は、政治を政治家や官僚に任せておけばいいと、日常では無関心を決め込んでいる。権力者は国民の監視が緩いと自己の利益実現に走る。投票以外では政治にかかわらず、学校教育でも政治理念の比較や政策の検証の学習をしてこない日本では、国民から見えないブラック・ボックス一つ作れば、容易に権力者は予算や行政行為を自由にできる。小沢事件での検察審査会がそうであり、原子力発電での政官財とマスコミの癒着がそうである。同じように石油やＬＰＧ（液化天然ガス）を輸入し、発電を行っている韓国に比べて二倍も高い電気料金がまかり通っている。電力自由化で、改革の遡上にのぼった電力地域独占システムも地域自治を破壊している。総括原価方式で使用済みの核燃料もゴミとしてではなく資産として評価し、どんどん資産を膨らませてそれに約三％の利益を乗せ、利用者に電気量として負担させる。そこから生まれる巨額資金で政治献金やマスコミへの広告宣伝費を通じて反対者を孤立させるシステムである。政府が原発を推進するシステムを推進する背景には、核兵器保有への執念がある。第二次大戦で敗戦国となった日本が、国連（United Nations＝連合国支配の構造）において一流国として評価されるには、常任理事国のみが保有する権利を持つ核兵器を潜在的には何時でも保有できる潜在力を示す必要がある。二〇一〇年放送されたＮＨＫスペシャル「スクープドキュメント〝核〟を求めた日本」で核兵器保有を追求するために原子力発電を推進したことが当時の政府高官によって証言されている。このような内実も国民に知らされなかった。今後は、秘密保護法や共謀法によって、ますます権力者の横暴性が隠され、批判する国民が罰せられるようになる。

代議制民主主義は主権者国民の意思を具現化するためにあるのではなく、権力者が政治を行いやすくするためにある。日本を民主主義国家で主権在民と言うならば、ほとんどすべての憲法学者が憲法違反と断じ、国民の大多数も成立を望まない「戦争法」がなぜ成立するのか。国民の意思に反する復興特別税の廃棄による法人税減税と消費税増税が行われるはずがない。国民の多数が望む原子力発電政策の転換が放置され、逆に重大事故への対策もないまま再稼働され、挙句は核廃棄物は全て日本が引き取るという条件でトルコに原発が輸出される事態が起きるはずもない。ＴＰＰで利益を得るのは少数の輸出業者と米国金融資本やモンサントなどの知的所有権業者に連なる者たちのみである。公正な税制や富の再配分を通して、自由競争の弊害を是正するケインズ政策を放棄し、新自由主義やネオコンと呼ばれる、力による富の富裕層への集積を図る政策に舵を切った段階から、政府や中央銀行は勤労者の味方ではない。アベノミクスによる円通貨の過剰供給によって、インフレ期待の株価や都市部の一部不動産は上昇するが、グローバル経済で途上国の安い賃金と競争させられる勤労者所得は下落する。あまりにも明白な金持ち優遇策である。このような極端な政策を取りながら、政権を維持するためには、マスコミを掌握し、情報を隠し、異議を唱える国民を処罰する法律が必要になる。まさに秘密保護法や共謀罪が必要となる理由である。

日本の歴史において、時の権力者から権力を奪取する苦闘の歴史を経験していないことが、日本の民主主義や国民主権の脆弱さの根源である。本当に内実を伴った国民主権の国家にするためには、国民が権力者に対して、対抗し、要求し、闘わなければいけない。国民が、政治や行政にかかわり続け、チェックし続けることが、唯一権力者の横暴を防ぐ手段である。安倍政権は、権利や恩恵が政府（御上）から与えられるという、逆転した思想を、国を愛する心を教育において強要することで植え付けようとしている。二〇世紀に日本は全体主義国家としてアジアに攻め込んだ。多くの国民が戦争で亡くなったが、近隣諸外国にも多大な被害を与えた。連合国から完膚なきまでに叩きのめされ、無条件降伏した。未だその体験者も多く生存している。敗戦を受け入れるときに時の権力者が一番重要視したことは、天皇制の存続（国体の保持）

であった。そのために、連合国に一矢報い、日本の条件を飲ませるために本土決戦を計画し、沖縄戦を時間稼ぎのために行った。連合軍は占領政策として象徴天皇制を取り入れ、結果として戦争遂行者の意向は一部達成された。その連続の中に今の日本はある。

二〇一三年一〇月に秋の園遊会に招かれた山本太郎参議院議員が、手紙を天皇に手渡したことで、国会議員を辞職させる動きが出てきた。原発事故の現状や、放射能汚染地域で暮らす子供たちへの理解を求めた手紙であるが、「天誅ものである」とか「時が時ならば不敬罪だ」とか「参議院で議員辞職要求をすべき」との意見が出た。右翼を名乗る者からは切腹用にナイフが送りつけられた。この動きを見て、日本は戦前の全体主義国家からどう変わったのか、疑問を持たれた人も多いだろう。諸外国の意見の趨勢は、なぜ国会議員辞職という話になるのか判らないというものである。日本では国民主権や憲法にいう天皇の地位は国民の総意によるという文脈が理解されていないから、このような事態になるのである。天皇を国民の手の届かない聖域に置き、これを利用して国民を従わせようとする権力者の意向が明確に出ている。

政治家のレベルは、その時の国民の政治的レベルであるという。国民が権利意識を持ち、国家権力をチェックする状態ならば、今の安倍政権のような右翼民族主義政策を行うことはできない。選挙によって権力を国会議員に委譲するという、誤った間接民主主義が国会議員の都合で流布されていることがこのような事態を生んでいる。主権者国民の意思を体現することこそが民主主義である。国民の意思を確認出来る手段をＩＴ革命によって入手したのであるから、直接国民投票により国の行方を決める重要事項については決めるべきである。

政治家や中央官僚の役割は、税収という限られた予算の中で、国民が要求することを実現することである。それができない政権や官僚は辞任させるシステムが必要である。ドイツでは税収の〇・三五％を超える予算を組むことは二〇〇九年の憲法改正で禁止されている。五〇兆円の税収の国家が百兆円の予算を組んでも許される日本は、政治家と官僚の天下である。国家破綻（デフォルト）の際には、既に政権も代わっており、責任を取らない。官僚は身分や生活が保障されている。負担は将来の勤労世帯につけ回す。これでは生活破綻者の家長親父と同じで、子供たちに巨額の借金を押しつけて、現在の生活を享受していることになる。生活のためという言い訳のもと、政治家と官僚は自分の無能を糊塗している。

公職選挙法も民主主義を毀損している。現在の限られた一般市民の政治参加の機会である選挙において、政治家は手足を縛られて選挙活動を行っている。個別訪問の禁止や移動中の車輛での演説の禁止（候補者の名前の連呼しかできない）、年賀状も違法、当選挨拶の演説も違法、政策を有権者に伝えるチラシ等も枚数に制限がある。未成年者は選挙運動を行えない（将来に直結する戦争法反対でも。コスタリカでは小学生から実際の選挙運動をして政治への関心を高めている）、ネット利用も支持者がツイッターやフェイスブックを利用するのは良くて電子メールは禁止されている。選挙事務所でコーヒーを出すのも、訪問者がコーヒーをお願いするのも選挙違反である。誰も選挙運動ができないように定めているのが公職選挙法とすら言われている。先進国では選挙費用についての制限はあるが、その手段や方法を規制することは無い。手足を縛られた選挙運動で得をするのは現職であり、新人は自分の政策をアピールする手段がほぼ無く、組織をバックにしないと選挙に勝てない仕組みとなっている。現職有利のシステムであるから、半世紀以上も抜本的改正もなく政治活動を禁止する法律が継続している。

民主主義を実態の伴った制度にするためには、国民が常に政治に参加し続けることが不可欠である。寝て、食べて、仕事をするように、政治が間違った権力利用になっていないか、常にチェックしなければ、政治家や官僚などの権力者は、自分の有利なように制度解釈を変更するものであるから、これは、民主主義のコストである。

直近の新たな動きとして、第二次安倍政権での憲法解釈による集団的自衛権の容認と関連法案の強行採決に対して、自由と民主主義のための学生緊急行動（Students Emergency Action for Liberal Democracy, 略称 SEALDs）が国会前のデモ等の直接行動を継続している。彼らは、政治を日常の生活に取り込み、政治家や官僚に主権を委ねることを拒否している。新しい民主主義の主体の登場と期待を抱かせる。しかし、最新の二〇一六年の参議院選挙では、相変わらず国民の二人に一人しか投票を行わず、日本の総人口一億二七〇〇万人の内、比例区得票二〇一一万票の自民党が、選挙区で五六名、比例区で一九名の計七五議席を得た。改選議席一二一議席の六二％にもなる。公明党等を加えて憲法改正要件の衆参両院議員の三分の二を超え、憲法審査会が改憲議論を開始することになった。国民の二割の支持で、国の根幹である憲法を変更する要件を得る選挙制度は、明らかに主権者軽視である。国民の多数がこのような制度に疑問すら持たない所に、日本の民主主義の底の浅さが現われている。

5 「日本復帰」への考察

かつては北朝鮮が日本にミサイルを撃ち込んでくる可能性があるので、国防を強化する必要が論じられたことがある。東西冷戦時代にはソ連の北海道侵略を想定した日米合同の訓練も行われていた。世界の覇権を資本主義国と社会主義国が争い、軍事的にも対峙していた時代ならば、とても少ない可能性とはいえソ連の日本占領のシナリオを描くこともあり得たであろう。しかし、東西冷戦が終結し、世界が市場経済で相互依存関係になった今、どこにも日本占領の現実性は無い。実際には米軍によって占領されていることこそが問題ではあるが。

現代社会において、日本の駐留米軍ほど特異な存在は無い。戦争が終わり七〇年も経つのに戦勝国の軍隊が敗戦国に居座り続けているのである。日本の中で米軍の存在する地域では土地と海域と空域は米軍支配下にある。国の最高規範である憲法よりも日米安保条約に基づく日米地位協定が上位にあり、例えば普天間基地に所属するヘリコプターが隣接する沖縄国際大学に墜落炎上した時、市民のみならず報道機関や警察すら事故現場に入れず、米兵が現場を封鎖した。沖縄における米軍関連の事件・事故は実質的な治外法権にあり、重罪犯でないと起訴しないという取り決めもある。

米軍は世界各国に展開しているが、先進国においてこのような特権を持っているのは日本だけである。同じ敗戦国のイタリアやドイツにおいてもその国の国内法を米軍は遵守している。軍事植民地ともいえる実態が戦後七〇年も継続しているのは、日本の中にある沖縄差別に起因している。

一九四五年の沖縄戦において、既に世界大戦の帰趨は決しており、枢軸国陣営はイタリアが降伏し、ドイツは四月末にヒットラーが自殺をしている。残る日本も敗戦に次ぐ敗戦で、何度もの大空襲で戦争遂行能力も限界に近かった。連合国は日本に対して無条件降伏を突きつけたが、天皇制維持に執着する戦争遂行者たちは、少しでも優位な条件で戦争終結するために、本土決戦を企図し、その時間稼ぎのために沖縄戦を住民も巻き込んだ持久消耗戦とした。軍隊のみならず沖縄住民に対しても投降・降伏・捕虜は禁じられ、「最後の一兵に至るまで」という意識で無駄な戦闘が継続されたのである。

戦闘中においても、沖縄方言を話すとスパイとして処刑され、避難していた鍾乳洞や亀甲墓から軍隊に追い出され、砲弾の降り注ぐ外へと放り出されたのである。投降・降伏しようとして撃ち殺された住民は多数いる（安仁屋政昭「意見書　沖縄戦における住民の被害」では数千人が日本軍の行為により死亡と記述されている）。

軍隊が住民を守らないという経験は、その後の沖縄の反戦・反軍意識を形成している。

ちなみに現在焦点となっている普天間基地は沖縄戦のさなか、米軍が占領地の宜野湾住民を屋嘉収容所に移動・確保している間に、宜野湾部落を始めとする集落と畑を全て破壊して、本土空襲用に飛行場を建設したものである。宜野湾市教育委員会が出版した『宜野湾の地名』には、沖縄戦以前の米軍が撮影したち密な航空写真が掲載されている。そこには立錐の余地が無いほど利用されている宜野湾地域が写っている。当時の普天間飛行場建設は戦争中の軍隊の規範を定めた「ハーグ陸戦協定」第四六条の私有財産の没収禁止に違反している。戦争の早期終結のため必要だったとすれば、戦争終結後直ちに住民に返還されなければならない。現実には米軍治世下では、その後沖縄の各地で銃剣とブルドーザーによる軍用地の強制収容が行われ基地は拡大した。

驚いたことに、治政権が日本へと移る「本土復帰」前には、日本各地にあった米軍基地が各地の住民の基地反対運動によって制約を受けるようになり、沖縄に移転することにより在沖米軍専用施設の比率は、国土面積の〇・六%の沖縄に七四%も集中することになった。本来ならば施政権が日本に移る段階で、違法に建設され、その後も居座り続けている沖縄の米軍基地は住民に返還されなければならないのであるが、逆にその密度が増したのである。

このような沖縄における軍事植民地状況が継続する背景には、日本の沖縄に対する差別意識がある。普天間基地の移設が問題になる度に、日本の他の地域では受け入れられないから沖縄県内への移設しかないと説明される。

米軍基地反対運動を最も継続的に、最も激しく、最も大衆的に行ってきているのは沖縄である。その沖縄の基地反対の意思は無視して、他の地域の反対意見を県内たらいまわしの理由にしている。

歴史的な差別意識

沖縄には日本との同質性を強調する日琉同祖論や、日本文化の中で沖縄を位置づける「沖縄学」が存在する。いずれも被差別状況にある沖縄を他府県並みに近づけたいとの思いが背景にある。権力者にすり寄ることで、少しでも権力者の対応が自身に有利になればとの計算もそこには働いている。日本と沖縄がその祖先において同一の血筋を持っていようが、ひらがなで記載されている『おもろそうし』に代表される古い沖縄文化が、日本文化の影響を強く受けていようが、沖縄と日本の間には歴然とした差異が存在する。

古琉球の時代から一六〇九年の薩摩藩による琉球侵攻まで、琉球は完全な独立国家であった。東シナ海の海洋国家として、日本や中国と交易関係を取り結んでいた。特に中国（当時は明王朝）とは冊封制度という主従関係を取り結び、琉球国から明王朝に忠誠を誓う進貢使を派遣し、明王朝からは琉球王朝の正統性を認める冊封使が派遣された。長年海岸地域に出没する倭寇（その大部分は実際は明の国民）に手を焼いた明王朝は、海禁政策を取り、国民の交易を禁じた。他方、諸外国の物品への需要から、琉球国に海洋交易を委ねた。

明国は、琉球国に大型交易船（ジャンク船）を与え、中国南部に居住する閔人を琉球に派遣して交易を支えた。中国から琉球に派遣された閔人は久米三十六姓と呼ばれ、その後の琉球王朝を支える官吏となる。ちなみに普天間基地の県外移設を主張して沖縄県知事に再選されながら、東京での政府との秘密交渉で辺野古移設を容認した仲井眞前沖縄県知事は、この久米三十六姓に属する。

明時代の入貢回数は琉球が一七一回で一番多く、日本は一九回で一三番目である。琉球国に対する冊封は一四〇四年から一八六六年までの間に二三回行われている。一五〇〇年代には琉球王国はその交易によって最盛期を迎え、一四五八年に尚泰久王が首里城正殿に掲げていたとされる「万国津梁の鐘」には、以下の文句で始まる銘文が刻まれている。

琉球國者南海勝地而　鍾三韓之秀以大明為
輔車以日域為脣歯在　此ニ中間湧出之蓬莱
嶋也以舟楫為万國之　津梁異産至宝充満十方刹

日本語訳は
琉球国は南海の勝地にして
三韓の秀を鍾め、大明を以て輔車となし
日域を以て脣歯となす
此の二者の中間に在りて湧出する所の蓬莱島なり
舟楫を以て万国の津梁となし
異産至宝は十方刹に充満せり
である。明国と日本の間にあり、交易を持って万国の津梁となるとある。

しかし、一五九二年から一五九八年にかけて行われた豊臣秀吉による朝鮮出兵によって、東アジアの中華国際秩序は大きく変化する。武力で日本統一を果たした豊臣秀吉は、当時の富が集中している明国に侵略の手を伸ばした。戦国時代を経て戦争に慣れ、世界最大の鉄砲保有国となった日本は、明国との戦争に勝てると考えた。とはいえ、海を隔てた他国に攻め入るには、多くの資力が必要とされ、薩摩藩を通じて兵隊と金品の拠出を琉球国も要求された。

琉球国と明国は冊封関係にあり、良好な国交を維持していたので兵隊は出さず、金品の拠出も要求の半分でお茶を濁した。秀吉の朝鮮出兵は一五九八年の秀吉の病死により終結する。

その後天下を取った徳川家康は、武力による明国統治は放棄し、交易により江戸幕府の発展を図ろうとした。しかし、戦争を仕掛けてきた日本との国交を認める理由は明国には無く、家康は明国と交易関係にある琉球国を利用しようとした。

いっぽう、薩摩藩は全領地の二〇%にも及ぶ隠知行（かくしちぎょう＝荒廃地）が明らかになり、その財政再建の必要から琉球国への侵攻を行った。

江戸幕府と薩摩藩は明国との交易国としての琉球国が必要であったので、武力的に制圧した後は逆に琉球の親中国的傾向を維持継続した。特に明国からの冊封使が来琉している時には、琉球国内で薩摩藩や江戸幕府の影響を消す努力をし、進貢交易が継続できるように計らった。江戸の幕藩体制に組み込むことや、薩摩領にする意図は皆無で、あくまでも独立国としての琉球が必要であった。

一方で明国に対して冊封関係を取り結び、一方で軍事的には薩摩藩の支配下に置かれる両属関係を明治まで継続した。

一九世紀に入ると欧米列強が頻繁に来航し、琉球に修好と交易を迫るようになる。一八五四年にはアメリカと琉米条約を、一八五五年にはフランスと琉仏条約を、一八五九年にはオランダと琉蘭条約を締結した。これらの条約は、琉球が独立国であることを欧米諸国が認めていた証左となる。

同時期に江戸幕府はペリーの砲艦外交に揺さぶられ、一八六七年に大政奉還して幕藩体制の終末を迎える。一八六九年には版籍奉還で各藩は朝廷に領地と領民を奉還し、藩主は知藩事として華族に列せられた。

一八七一年には廃藩置県を行い、日本は中央集権体制を確立した。

富国強兵政策と琉球

徳川三〇〇年の鎖国政策で安定的な国内治世を優先していた日本とは対照的に、世界は産業革命による生産力の伸長から原材料の供給地と市場の確保のための植民地争奪という厳しい対立の時代を迎えていた。世界の制海権を握っていた当時のイギリスは、茶、陶磁器、絹等を清から輸入していた。一方、イギリスから清へ大量に輸出できる商品は存在しなかったので大幅なイギリスの輸入超過であった。イギリスは産業資本の原資となる銀の国外流出を抑制する政策をとっていた。銀の国外流出を抑えるためイギリスは植民地のインドで栽培したアヘンを清に密輸出する事で超過分を相殺した。ポール・ジョンソン著の『近代の誕生　民衆の時代へ　三巻』によると清国は一八一〇年－一八二〇年には二六〇〇万ドルの対イギリス貿易黒字を計上している。しかしインドからアヘンの密輸入が増加した一八二八年－一八三六年には三八〇〇万ドルの輸入超過になっている。このような三角貿易を継続させ、アヘンを清国に大量に流入させることへの清国の反発からアヘン戦争が勃発し、一八四二年に軍事力に勝るイギリスが勝利することにより、アヘン貿易が合法化された。第二次アヘン戦争ともよばれるアロー戦争（一八五六年－一八六〇年）などの帰趨を見た江戸幕府は、西欧列強の軍事力に脅威を感じ、一八二五年に異国船打払令を出すが、一八四二年には薪水給与令を出し対応が混乱した。

一八五三年にアメリカのペリー艦隊が来航し日本に交易を求め、翌一八五四年の再来航時に日米和親条約を締結した。ペリーは離日後琉球に寄港し、琉米条約を締結している。一八五五年にはフランスと琉仏条約を締結し（条約原本はパリ東部に隣接するヴァンセヌ市の海軍公文書館に保管）、一八五九年にはオランダと琉蘭《りゅうらん》修好条約を締結している。諸外国が琉球王国を独立国家と捉えていた。

隣の大国である清が欧米列強に蹂躙されるのを見て、明治維新により新国家建設を進める日本は「富国強兵・殖産興業」のスローガンの下、欧米的な中央集権国家へと進路を取る。その結果、今までは交易相手として認識していた清国を、西欧的な原材料供給地や経済市場として日本の管理下に置こうとする（帝国主義的日本へ）。この帝国主義的傾向が最初に現われたのは琉球王国に対してである。

日本と中国（当時は清国）の両属にあった琉球王国を、日本の版図に組み込む政策が取られる。一八七一年台湾に漂着した宮古島への帰還船が地元住民に殺害される事件が起こった。江戸時代から何度も繰り返された事象ではあるが、明治政府は強引に日本人に対する殺害事件として出兵し、台湾住民を殺害し、占領した。清国政府に対して五〇万両の賠償金を得たことにより、琉球の日本への帰属を清国が認めたと強弁した。一八七九年には日本は軍隊と警察隊を首里に派遣し、琉球最後の王である尚泰を東京に拉致して併合を完成させた。一般に「琉球処分」と称されるこの事件は、当時の国際法に照らしても「不正」と判断され、二〇一四年七月一一日の琉球新報一面で紹介されている。なお、韓国の併合やアメリカによるハワイイの併合も同じ理由で無効と指摘されている。アメリカ大統領と米国議会はハワイイの先住民に対して不法な併合を百年後に謝罪した。

ポツダム宣言受諾により琉球領有権を放棄

その後日本は帝国主義的侵出を継続し、日清戦争後の一八九五年には台湾を併合し、一九一〇年には日韓併合を行った。最終的には第二次世界大戦の敗戦によってこの全てを失うのである。日本が無条件降伏をした際に受け入れたポツダム宣言には以下の記述がある。

(8) The terms of the Cairo Declaration shall be carried out and Japanese sovereignty shall be limited to the islands of Honshu, Hokkaido, Kyushu, Shikoku and such minor islands as we determine.

日本語にすると、カイロ宣言は履行されなければならない。日本の主権は本州、北海道、九州、四国と連合国（著者注＝四ヵ国：七月二六日に宣言を作成した米英両国とその宣言に同意した蒋介石の中華民国、そして対日戦争に参戦したソ連が八月八日に署名）が決定する島に限定されるということである。

このポツダム宣言を受け入れたことで、日本は琉球に対する領有権を放棄した。中国とソ連で政治体制の変化はあったが、その後この四ヵ国が琉球を日本の版図に決定したことは無い。

不法なアメリカの沖縄占領継続

アメリカは沖縄戦で多くの戦死者を出して軍事占領しているので、自由な軍事基地として保持する意図を持っていた。しかし、第二次世界大戦後の世界の植民地独立の流れや、一九四八年国連総会で採択された「世界人権宣言」から一九六六年に国連総会で採択された「国際人権規約」で明示された人民の自己決定権、そして一九六〇年の国連総会で採択された「植民地独立付与宣言」など、アメリカの軍事占領継続を正当化する時代ではなくなっていた。そこでアメリカは沖縄の継続的な軍事占領を正当化するため一九五一年サンフランシスコ講和条約を日本と締結する。以下にサンフランシスコ講和条約第三条を引用する。

「日本国は、北緯二十九度以南の南西諸島（琉球諸島及び大東諸島を含む）。孀婦岩の南の南方諸島（小笠原群島、西之島及び火山列島を含む）。並びに沖の鳥島及び南鳥島を合衆国を唯一の施政権者とする信託統治制度の下におくこととする国際連合に対する合衆国のいかなる提案にも同意する。このような提案が行われかつ可決されるまで、合衆国は、領水を含むこれらの諸島の領域及び住民に対して、行政、立法及び司法上の権力の全部及び一部を行使する権利を有するものとする。」

要約すれば、琉球諸島（奄美も含む）等に対する信託統治の提案があるまで、アメリカは行政、立法及び司法上の権力の全部及び一部を行使する権利を有するという条約文である。しかし実際には、アメリカは信託統治の提案をしないことによって未来永劫に琉球への軍事占領を正当化したのであった。

サンフランシスコ講和条約に琉球（沖縄）の代表は参加していない。ポツダム宣言受諾によって放棄した琉球への領有権を、主体（琉球・沖縄）の意思を無視して日本がアメリカと決める権限もない。このように国際規範を無視して琉球への米軍軍事占領は継続されたのであるから、サンフランシスコ講和条約の琉球に関連する条項は無効である。この状況に対して一九六二年に琉球立法院（当時の県議会に当たる）は「二・一決議」を採択し、米軍による住民への不当な支配が継続していることへの国際社会に注意を喚起した。

「本土」復帰闘争の評価

米軍占領下の沖縄の人権は軽視ないしは無視されていた。銃剣とブルドーザーで軍事基地に適する農地を強奪し、空薬きょうを集め生活の足しにする農民を射撃練習の的にして撃ち殺したり、女性に対するレイプも頻繁に起こった。大田元沖縄県知事が良く取り上げる実例に、米軍将校夫婦の事件がある。メイドとして働いていた沖縄女性を米軍将校がレイプし、それを知った将校夫人が激怒し、メイドに銃を突き付けて庭に墓穴を掘らせ、命乞いする女性を撃ち殺し、その穴に埋めたのである。将校夫婦は米軍機で帰国し、何の罰も負わなかった。

このような軍事占領下で沖縄の民衆は自治を求めた。軍政のもと制限された権限の中でも、立法院は自治拡大のために国際法や米国の法律を勉強して戦った。しかし立法院で制定した法律も米軍にとって好ましくないと判断される法律はそれを米軍は放棄させた。キャラウェー高等弁務官が「沖縄が独立しない限り、沖縄住民による自治政府は神話である」とその状況を表現した。

一九五〇年代にアメリカからの独立闘争を行った国にプエルトリコがある。スペイン領であったプエルトリコは一八六〇年代にスペインに対してキューバと共に独立闘争を開始し、一八九八年に米西戦争の結果、宗主国がアメリカとなった後はアメリカに対して独立闘争を行った。このプエルトリコをカリブ海の沖縄となぞらえることもある。一五〇〇年代にスペインに征服されたプエルトリコと一六〇九年に薩摩藩に侵略された琉球。共にサトウキビ等の熱帯性作物を主産業とし、過酷な労働を課され、プエルトリコは一八九八年に、沖縄は一九四五年にアメリカの占領下に置かれる。現在でも米軍基地問題を抱えている点や差別状況に置かれている点も共通しており、沖縄の平和運動家の大城信也と真喜志好一や女性ネットワークの高里鈴代と宮城＝内海恵美子等が訪問している。

プエルトリコは人口三七〇万人の島国で、アメリカに編入されている。政治的には現在の自治領の継続を求める勢力（人民民主党）と、合衆国の完全な一州となり徴兵や租税に加えて大統領選挙、両院議員選挙、そして他州と同じ知事を持つことを望む勢力（新進歩党）、そして独立を求める勢力（独立党）がある。

独立闘争が最も激しかったのは一九五〇年代で、何千人もの独立派が投獄され、三〇人以上が殺害された。同時期にはプエルトリコの工業化プログラムが推進され、急速に農村労働力が都市に吸い寄せられ、農業は衰退した。それ以後、食料自給が不可能な地域となり、低賃金労働者としてアメリカへと多くの人が移住していった。

プエルトリコでは現在まで継続した独立政党が存在し、活発な活動を繰り広げたが、独立には至っていない。嘉手納飛行場を始めとする沖縄の米軍基地が、東アジアのキーストーンとして深く米軍戦略にかかわっているのと同様に、プエルトリコの米軍基地はアメリカの庭と称する中南米全域ににらみを利かす要衝だからである。沖縄での米軍がそうであるように、プエルトリコにおいても米軍は何時までも自由に活動できることを保持しようとする。そのような中でビエケス島の米軍演習地を住民の粘り強い反対闘争で返還させたのは、プエルトリコにとって大きな成果であった。沖縄にとってもプエルトリコにとっても自治・独立を勝ち取る相手が世界最大の覇権国家アメリカで、独立戦争を勝ち抜く展望は無い。世界情勢をにらみながら自治権を拡大していく外ない。

東アジアでは一九四九年に中国が社会主義化し、一九五〇年には朝鮮戦争が勃発した。在沖米軍基地は機能強化し、住民自治はますます脆弱なものになった。その後も一九六〇年代はベトナム戦争への出撃拠点として嘉手納からＢ52戦略爆撃機が連日飛び立ち、悪魔の島とさえ呼ばれた。

この状況の中で米軍基地撤去を求めるために、直截に沖縄独立を要求するのは非常に長期の獲得目標となる。翻って日本は第二次世界大戦の敗戦によって非戦を誓う平和憲法を制定し、戦力の保持を否定し、被爆体験から非核三原則（核兵器を作らず持たず持ち込まない。一九六七年佐藤首相の国会答弁）へと歩みを進めている。特に沖縄では人権無視状況への反発から、人権を明記した新憲法へのあこがれは強く、「本土復帰」が力を持つようになる。直接米軍治世を打倒して、独立国家へという展望が見えない中で、平和憲法に期待し、軍政から民政への移行を求めたことは一定の合理性がある。

一方で、琉球政府が求めた日本国憲法の平和的生存権を論拠にして在沖米軍の無条件全面返還等を要求する「復帰措置に関する建議書」（一九七一年一一月）が、「沖縄国会」での強行採決によって日の目を見なかったことで象徴されるように、琉球・沖縄の住民の意思は日米政府に無視され、四五年も経過した現在に至るも、日本の米軍基地専用施設の七四％が国土面積〇・六％の沖縄に押し付けられている。さらに、在沖米軍兵士が引き起こす事件・事故に対して、重大事犯（殺人や強盗傷害や強姦）等以外は不起訴にして罪に問わないという日米間の約束まである。

二〇〇四年に沖縄国際大学に米軍ヘリコプターが墜落した事故でも、米兵が封鎖し、沖縄の消防や警察官や大学当局も近づくことができなかった。ベトナム戦争のさなかの一九六八年六月に九州大学に墜落した嘉手納基地所属のファントム戦闘機に対して、九州大学では大学自治をたてに米軍への引き渡しを拒否し、学生が撤去に反対して封鎖したという事と比較しても、沖縄における米軍の治外法権の実態が分かる。

アメリカが沖縄の「日本復帰」に舵を切ったのは、一九六八年一一月一〇日の初めての主席公選の直後のＢ52戦略爆撃機が嘉手納飛行場の北端に墜落した事故後である。主席公選では、沖縄自由民主党の西銘順治候補の「イモ裸足論」を打ち破り、革新共闘会議推薦の屋良朝苗が選ばれた。屋良の公約は「即時無条件全面返還」であった。一方の西銘候補は経済政策を強調した。沖縄経済は米軍基地への依存度が高いので、本土復帰して基地がなくなれば、沖縄は経済的に困窮し、イモ・裸足の生活になるという考え方であった。このような論法の発端は、一九六八年八月一六日のアンガー高等弁務官の「基地が縮小、もしくは撤去されれば、琉球の社会は再びサツマイモと魚に依存した裸足の戦前の経済に逆戻りすることになる」という「琉球経済について」の演説であった。

このイモ・裸足論を保守陣営は選挙に利用し、立会演説会で聴衆に訴えた。西銘はさらに「今あなたのポケットに一ドル入っているとする。その一ドルのうち四〇セントが沖縄独自の産業によって得たもので、残り六〇セントは基地収入である。従って、いま即時復帰し、基地がなくなればこの六〇セントはなくなり、戦前のようなイモを食い、裸足で歩くような悲惨な生活に逆戻りする」と訴えた。

沖縄の人々は経済政策ではなく、人権を重視し、屋良を首席に選んだ。その直後の一一月一九日にB52が墜落炎上したのである。当時の沖縄では、米軍は知花弾薬庫（墜落現場の隣にある）や美里核兵器貯蔵所で核兵器を保管していた。B52の爆発炎上では、搭載されていた爆弾が爆発し、地面を揺るがす振動に付近の住民は戦争が始まったと恐怖した。一二月七日に「命を守る県民共闘会議」が結成され、B52撤去運動が激しくなった。

県労協や「命を守る県民共闘会議」は二月四日にゼネストを計画し、ベトナム戦争さなか、基地機能をマヒさせる反戦闘争を進めた。佐藤総理大臣は屋良主席を東京に呼び、ゼネスト中止を要請した。「ゼネストは本土復帰を遅らせる」との圧力に屈した屋良主席は「命を守る県民共闘会議」にゼネスト中止を要請し、県民共闘会議は受け入れた。それでも、ゼネストに代わる「二・四ストライキ統一行動」には集中豪雨の中で五万五〇〇〇人が集まり、反基地の意識の高さを示した。

嘉手納基地は東半球における米軍最大の基地で、世界戦略の要諦を占める。その嘉手納基地が十全に機能しなくなる事は重大事である。そこで沖縄の民衆の反戦意識が嘉手納基地撤去に向かわないように施政権の返還を認め、「戦争による占拠から日米安保条約によって日本政府が米国に米軍基地用地を提供する形」へと変化させた。

「本土復帰」により日本政府による米軍基地の提供と変化したが、アメリカが望む「米軍基地の自由使用」の継続と、沖縄が要望した「即時無条件全面返還」との落差は大きく、現実は「本土復帰」を挟んで沖縄への米軍専用施設の集中が進み、米軍基地問題は沖縄問題と矮小化されるようになった。基本的人権という当然の権利のために米軍治世下から「本土復帰」による平和憲法の適用という道を歩んだが、形式的な日本国内で法の下の平等というだけで、基地の圧倒的集中という実態は四四年経った現在も変わりがない。振り返って米軍基地からの重圧を取り除くという目的において、「日本復帰」という道筋は正しかったのであろうか。

一九八九年一二月のマルタ会談で、米国大統領ブッシュとソビエト共産党書記長ゴルバチョフが東西冷戦を終結させても、自民党保守政権が分裂の末に反自民の細川連立内閣になった時も、民主党が政権を獲った時も、大きな政治的変動があっても沖縄の米軍基地は厳然として存在し続けた。

二〇一五年五ｰ六月に共同通信社が戦後七〇年にあたり、憲法改正の是非を問う世論調査を実施した。安倍内閣による衆議院での「安保法案」強行採決が七月なので、その前である。層化二段無作為抽出法で選び郵送により実施しているので、ＲＤＤ法で昼間に自宅の固定電話で回答を求める電話法よりも民意を反映している。今時、昼間に自宅で固定電話で回答するのは、中高年でかつ時間に余裕のある層で、ＲＤＤ法は統計としては保守層に偏った結果が出る。

安倍内閣による強制採決前であっても、憲法を「このまま継続すべきだ」が六〇％で「変えるべきだ」の三二％をはるかに上回っている。名護市辺野古への基地建設に関しては、「工事を中止し、県側とよく話し合うべきだ」が四八％で、「県内への移設はやめるべきだ」も一五％ある。「政府の方針通り移設を進めるべきだ」は三五％だった。

一方、日米同盟について「今のままでよい」が六六％で「今よりも強化すべきだ」が二〇％、「薄めるべきだ」が一〇％、「解消すべきだ」は二％であった。関連して沖縄に米軍基地が必要だとの回答は「大いに」が一七％、「ある程度」が五七％で合わせて七四％が沖縄への米軍基地の押し付けを容認している。「あまり必要ない」が一八％、「全く必要ない」は七％しかない。

残念ながら沖縄が米軍基地の重圧と人権無視の状況から脱却するために選んだ平和憲法の国は、戦後七〇年経った今も沖縄の米軍占領の継続を選択しているのである。

「復帰」以外の選択肢は

沖縄と似た境遇のプエルトリコが、一方でアメリカへの同化への動きがありながら、常に独立を志向する政治勢力が反基地闘争を戦ってきた。ビエケス島の面積の四分の三をも占める演習地を、非暴力・実力闘争で返還させたりと、大きな成果を上げながらも、未だアメリカの自治領で、大統領選挙を含めて米国政治への参加は限定されている。世界の植民地が宗主国に対して独立戦争を挑み、達成した経験は、覇権国アメリカに対しては適用できない。国際連盟にアメリカが不参加だったことが連盟の限界を示し、第二次世界大戦を防止できなかった教訓となっている。国際連合（大戦の連合国 United Nations をそのまま継続使用。国際連盟の継承機構ではない）の創設にあたりアメリカの不利になる取り決めができなかった。むしろ、第二次世界大戦中からアメリカは国際機構つくりのイニシアチブを握っていた。一九四一年の大西洋憲章が英米の二大国のイニシアチブで世界新秩序の提案がなされ、①は領土の不拡大、②は領土の不変更、③は民族自決、④は自由貿易、⑤は国際的な経済協力、⑥は平和の確立、⑦は公海の自由、⑧は武力行使の放棄および安全保障システム確立とそれが実現するまでの侵略的な国（ドイツ）の武装解除、そして軍備軽減が合意された。

重要なのは戦後の安全保障システムで、大国が軍事的優位を保持し、その他の国では武装解除が進むという、「大国による世界の警察官」が構想されていたことである。これが米英ソ中仏の五大国が拒否権を持つ国連安全保障理事会として具体化する。核兵器の保有制限を取り決めた核拡散防止条約においても、五大国以外の核兵器保有を禁止している。

安藤次男著『国連安保理事会「五大国制」の起源に関わって――アメリカから見た中国とフランス』に以下の記述がある。

フランクリン・ルーズベルトは、一九四二年春、モロトフ外相に「アメリカ、イギリス、そして多分中国と並んで、ソ連は軍備を持った国となり、他の国々は非軍事化されるだろう。ヨーロッパ諸国の植民地帝国は切り離され、三大国または四大国（great powers）に統治が委任されることとなろう」と伝えて、ソ連が戦後世界における警察官の一人となることを認める趣旨の発言をしていた。

第二次世界大戦後の世界秩序を大国による軍事的優位を前提にしていた。アメリカにとって西半球のプエルトリコと東半球における沖縄は重要な軍事拠点であり、両地域の自治や独立を容認する状況になかった。国際的な民族独立の潮流や国際人権規約、なによりもアメリカ自身が提唱した大西洋憲章の第三条「英米両国は、すべての人民が、彼らがそのもとで生活する政体を選択する権利を尊重する。両国は、主権および自治を強奪された者にそれらが回復されることを希望する」に反する軍事支配を行った。キャラウェー高等弁務官の「琉球の自治は神話である」という発言もこの背景から来ている。琉球・沖縄が東西冷戦のさなか、独立闘争をアメリカに挑んでも、冷戦が継続する内は達成が困難であっただろう。それゆえ「日本復帰」という道筋で基本的人権等の確保を目指したのは時代的には合理的な判断と言える。しかし、日本の国が米軍基地をアメリカに提供するという間接支配になったが故に、アメリカの世界戦略の変更による在沖米軍基地の位置付けの変化にもかかわらず、日本の思惑で基地の固定化が進行することになった。

中国が市場経済に参加して、世界の工場として経済力を発展させ、アメリカが金融支配によって世界から富の集積を行っている。米中は経済的に依存を深め、どのような程度の軍事衝突であれ、両国の戦争は直ちに両国の経済破綻を引き起こす。特に中国共産党にとっては、体制維持すら困難になるだろう。純軍事的にみても、中国の中距離ミサイルの射程に在沖米軍基地がすっぽり入る状況は好ましくない。二〇〇六年の米軍再編では、海兵隊のグアム・オーストラリアへの移転により、不安定の弧から距離を置き、一方で自衛隊を、座間に司令部を移転した米軍管理下に置くことにより軍事即応体制を維持しようとしている。論理的には沖縄に前線防衛基地を置く必要はない。もし、沖縄が「本土復帰」以前の米軍占領下のままだったとしたら、一九九〇年代のどこかで国際法違反の沖縄の軍事占領は終結せざるを得なかったであろう。海外駐留のコストもかかり、基地撤去闘争の不安定な中で、軍事的意味のない基地を維持する必要が無いからである。シンガポールや香港という小地域や小国家が近隣で成功している実例もあり、当然沖縄も独立した上で東アジア成長地域の中での国家建設を取り組んでいたはずである。

実際には、「日本復帰」し、日本政府が米軍に基地用地を提供するという日米条約の縛りから、日本の一地域として自治権も無い状況に置かれている。二〇一六年の今でも、思いやり予算で在日米軍の費用を日本政府が肩代わりすることで、米軍を日本に縛りつけようとする思惑が日本の支配層にあり、米軍にとっても厳しい予算編成の中、アメリカの国内外を問わず米軍経費の削減が求められている状況では、予算負担の少ない日本駐留は魅力的だという、日米それぞれの計算から在沖米軍が維持され続けている。

歴史に「もし…」は意味が無い。違う判断が違う状況を生み出すのは当然であるが、歴史をさかのぼって変更は出来ないので、「日本復帰」という事実を今後の沖縄の進路にどのように生かすかという事が問われている。

確認しておかねばならないことは、圧倒的な米軍治世下で、人間の尊厳を取り戻すため、平和憲法の「日本への復帰」を選択したのである。主席公選で屋良に敗れた西銘は後に沖縄県知事となり、日本化を推し進めるのであるが、自身の違和感を拭い去れず「日本人になろうとしてもなりきれない」と表現した。杓子定規に東京（霞が関）基準を押し付けてくる官僚制度のみならず、肌感覚として日本に違和感を覚えていたのであろう。「日本復帰」以外の例えば独立闘争という選択肢は、東西冷戦のさなかでは現実的ではなかった。主席公選に勝利し、Ｂ52が嘉手納飛行場で墜落・爆発し、米軍基地撤去の機運が高まる中で、日米政府は基地の長期維持のために「日本復帰」を選択した。平和憲法への期待がある中で、これを拒否して断固独立を主張するのは、なかなか人々の支持を得られなかった。野底土南《ヌカドナン》（野底武彦）が主席公選に琉球独立を旗印に立候補したが、結果は屋良朝苗二三万七六四三票（当選）、西銘順治二〇万六二〇九票、野底武彦二七九票で、独立党は泡沫として扱われた。公認会計士ではあったが、知名度と組織的バックが無かったこともあるだろう。しかし、二〇一四年一一月一六日の那覇市議補選では、琉球独立党の流れを汲む「かりゆしクラブ」の屋良朝助が一万票以上獲得している。組織も知名度もないのは当時と変わらない。一九六八年の時点では、琉球独立という方針が確たる将来像を描けず、選択肢足りえなかったという事である。

それでも「潜在主権」という欺瞞は、日米政府が沖縄の米軍基地を安定的に維持するために編み出した目くらましであることは指摘しておく必要がある。軍国主義日本が戦争を終結するに際して受け入れた国際規範であるポツダム宣言の約束（＝侵略して獲得した領土への主権の放棄）に違反し、独立国たる琉球を侵略国である日本に再び隷属させるものだからである。帝国主義本国が、かつての植民地に対して「潜在主権」を主張するということは、植民地主義を認めることである。

そもそも「潜在主権」の発端は天皇メッセージにある。以下に沖縄県公文書館にある資料を引用する。

同文書は、一九四七年九月、米国による沖縄の軍事占領に関して、宮内庁御用掛の寺崎英成を通じてシーボルト連合国最高司令官政治顧問に伝えられた天皇の見解をまとめたメモです。【資料コード：0

００００１７５５０】

天皇メッセージ

内容は概ね以下の通りです。

⑴ 米国による琉球諸島の軍事占領の継続を望む。

⑵ 上記⑴の占領は、日本の主権を残したままで長期租借によるべき。

⑶ 上記⑴の手続は、米国と日本の二国間条約によるべき。

メモによると、天皇は米国による沖縄占領は日米双方に利し、共産主義勢力の影響を懸念する日本国民の賛同も得られるなどとしています。

この天皇メッセージは、すでに施行されていた現日本国憲法に規定がある天皇の政治的行為の禁止に違反し、また、侵略占領地である琉球の主体を無視し、帝国主義的侵略の歴史に対する反省もなく、抜け抜けと天皇制の維持を目的に共産主義に対峙することを眼目に書かれている。この天皇メッセージが発表された一九七九年でも、昭和天皇に対する批判は少なかった。

「本土復帰」に話を戻す。

Ｂ52が嘉手納飛行場で墜落・爆発し、極東のキーストーンである米軍嘉手納基地撤去の機運が高まる中で、日米政府は基地の長期維持のために「日本復帰」という統治方法を選択した。琉球（沖縄）の人々は、平和憲法の適用を求めたのであり、当時の屋良知事が回想録で語っているように「平和と自治を求めた行為」であった。この思いは沖縄国会での建議書の無視により、直ちに裏切られることになる。その後も、在沖米軍基地は「復帰」前と変わらず、米軍の思うまま自由に継続されることになる。基地撤去の熱意は、いつしか日本政府の経済振興策の中で日常に埋没していく事になる。

しかし、事の本質は明らかにしていく必要がある。「本土復帰」はポツダム宣言違反の戦後秩序の破壊であり、また安倍首相による集団的自衛権容認の閣議決定は、戦争放棄を謳う現憲法に違反するだけでなく、日本の再軍備を許さないとしたポツダム宣言を始めとする戦後秩序の破壊である。ポツダム宣言の当事国である台湾が、今も入国ビザに国籍「琉球」を記入させることには意味がある。中国が尖閣諸島の領有を主張する背景には、戦後秩序であるポツダム宣言に違反する「沖縄返還」に批判的であり、尖閣諸島が日本領だとは認められない経緯がある。尖閣諸島を琉球の領土であるとすれば、そして琉球が独立国であれば、東アジアの緊張は大きく緩和されているであろう。

重要なので繰り返すが、琉球は「本土復帰」を持って日本国民となることを選択したのではない。そのようなレフェレンダム（住民投票）は行われていないし、屋良元知事の指摘する平和と自治を求めた行為は、屋良建議書が葬り去られたように、日米政府によって裏切られたのである。主体（琉球の住民）の意思を無視して行われた日米政府による「沖縄返還協定」は国際法に照らして無効である。

一八七九年の「琉球処分」が当時欧米三国と修好条約を結ぶ主体である琉球国の主権を無視して軍事力を背景に行われた。そしてポツダム宣言で無条件降伏をした時に侵略で獲得した領土の放棄を受け入れた。本来この時点で琉球は国家として独立すべきであったが、東西冷戦下で血を流して獲得した基地を米軍は国連への信託統治の提案という欺瞞で軍事占領を継続した。戦後の植民地独立の流れの中で琉球の軍事占領継続のために「天皇メッセージ」を利用して日本の潜在主権の上で米軍が統治する装いを整えた。しかし国際社会で主体となるべき琉球の住民の意思を無視して日米政府で結ばれたサンフランシスコ講和条約は、琉球に関連する条項は無効である。また、同じように日米政府によって結ばれた「沖縄返還協定」も、主体である琉球・沖縄の住民の自己決定権の欠如から無効である。

この事実は将来の琉球の自己決定権に大きな要素となるであろう。

6　中国脅威論

中国脅威論について

現代中国政府は共産党の一党支配である。共産党は本来、勤労者の立場に立った平等原則を政策の根幹に置く。一九四九年の中国共産党が政権奪取し、中華人民共和国が建国されて以来、民生向上と教育に力を入れ、半植民地状態であった第二次世界大戦までとは隔世の感がある。大躍進政策や紅衛兵運動等の思想闘争により、幾度かの混乱を経つつ、その平等原則は維持してきた。しかし、毛沢東死後に復活した鄧小平が改革開放政策を取り、市場経済へと舵を切った。一三億人という巨大な市場と労働力が世界経済に登場し、中国が「世界の工場」と称されるようになった。沿岸部を中心に、欧米や日本に輸出することを目的にした工場が建設され、欧米・日本と経済的に依存しあう関係ができた。

一九四九年に共産党に敗れた国民党の蒋介石は、台湾に撤退し、台湾国民党政府となった。台湾政府も中国共産党政府も共に大陸と台湾は一つの国で、それぞれ自分が正当な政府であると主張している。いわゆる台湾独立等の分離政策には、共に「二つの中国論」として排除している。しかしこの状態が半世紀以上も経過すると、特に台湾における大陸との統一気運は薄れ、単独国家(独立)を志向する勢力も力を持ってくる。それに対して二〇〇五年には中華人民共和国が「反分裂国家法」を制定し、台湾が独立する場合には武力を用いても阻止すると宣言した。

実際にはその後、中国共産党は台湾に対しても、人的・資本的交流を活発化させ、台湾関係(両岸政策という)は対立から協調へと向かう。二〇一一年に那覇市・福州市友好都市締結三〇周年の取り組みで福州市を訪れた時には、台湾を臨む沿岸部に原子力発電所の建設が進み、明確に戦争放棄をしたことを実感した。もし台湾との戦争になれば、原発の存在は福建省を破壊するアキレス腱となり、破壊されれば核兵器以上の破壊をもたらすことになるからである。

中国人民解放軍は国軍ではなく中国共産党の軍隊である。国家システムの中に軍隊の統帥機能があるのではなく、中国共産党に統帥権がある。日中戦争の時代の「紅軍」を出発に、対日戦争や国共内戦を戦い、現在の中国人民解放軍となった。指揮権は中国共産党にあり、軍隊の各階層に共産党員が配置されて、政治的指導を行っている。国内治安維持に関しては、江青等の四人組が文化大革命で人民解放軍の出動を要請した時はこれを拒否し、中立を守ったが、天安門事件の際には、鄧小平の指示により学生や市民を弾圧した。中華人民共和国の成立が国民党軍に対する人民解放軍の勝利によってもたらされた経緯から、中国共産党は常に人民解放軍に対する政治的指導を重視し、人民解放軍も国家のためというより中国共産党の国家支配のために存在している。

中国共産党の日本に対する評価・判断は『人民日報』によりその都度表明されている。尖閣諸島に対する中国共産党の主張は、基本的にはポツダム宣言による日本の無条件降伏を基礎にしている。其の八条で北海道・本州・四国・九州以外の主権を放棄しているのだから琉球諸島に対する主権は存在しない。ましてや尖閣諸島に対する主権を主張するのは間違っていると言うものである。ポツダム宣言では日本の再軍備も一一条において禁止している。これらの日本が受け入れた戦争終結の条件に安倍政権は違反していると主張している。尖閣諸島の帰属は琉球の主権に関わるのだが、米軍が沖縄占領政策を戦後も継続し、米軍基地維持を眼目に据えたため、国連への信託統治の提案をせず、植民地支配の終結を願う国際世論に逆行する軍事占領政策を行ったことが、問題を複雑にしている。国際人権規約や植民地解放宣言からは沖縄(琉球)は独立の権利を持つし又、独立すべきであるが、人権無視の米軍占領政策を速やかに終了させるために、平和憲法への「復帰」という横道を取ったがために、在沖米軍基地が存続することとなった。これ自体も占領政策の継続で、ポツダム宣言一二条「占領軍は直ちに撤収」に違反している。戦後秩序を定めたポツダム宣言に、ことごとく違反する日米政府や日米安保条約に対する中国の批判は一定の正統性を持っている。なお、尖閣諸島に埋蔵されているという石油資源については、当初の一千億バレルという予想は過大評価で、日本の資源エネルギー庁の調査(二〇〇六年四月の国会答弁)によれば三二・六億バレルと推定埋蔵量は激減しており、海底採掘のコストと事故の危険(メキシコ湾での海底油田事故等)を考えれば国際紛争を冒してまで獲得するほどのものではない。しかし、日本政府もマスコミも中国は海底資源のために尖閣領有を主張しているとして、中国が公的に表明している日米政府のポツダム宣言への違反と戦後秩序の破壊についてては言及しない。

日本政府やマスコミ論調で極端な主張は、中国が琉球を領有しようとしているとするものまである。琉球王国時代の冊封関係を強調して、琉球は中国の一部であると中国が主張しているとするのである。日本は一六〇九年の薩摩侵攻や一八七九年の琉球処分と二度にわたって琉球を軍事的に侵略し、支配したが、歴史上中国が琉球を軍事的に侵略したり、支配したことは一度もない。一度も領土に組み込まれた歴史が無い琉球をどうして領有権主張ができるのか。中国政府は一度も琉球領有を主張していない。冊封関係は日本や朝鮮やベトナムも含むもので、中国政府も冊封を根拠に琉球や日本や朝鮮やベトナムの領有は主張していない。

もし、かつての冊封関係を持って琉球の中国帰属を主張するならば、日本も中国領という事になる。この主張は、日中戦争を国と国との戦争ではなく内戦であったという論につながり、ポツダム宣言等の国際規範を日本は守るべきであるという中国自らの主張を根底から覆すことになる。内戦ならば国内で政権争いをすることに、外国は基本的には口出しすべきではないからである。日本への批判を国連等で中国が述べることも矛盾する。

中国の統治面からみても琉球・沖縄を自国領と主張する理由が無い。現代中国の最大の政治課題は何か。チベットやウイグルや台湾や香港の分離独立闘争である。強硬な中国政府の対応が国際的な批判を受けているのみならず、自国内でもテロや反政府活動の原因となり、共産党政権の最大の悩みである。共産党政権とその歴史の正統性を主張するためには、チベットやウイグルや台湾や香港の分離独立を認めるわけにはいかず、今後とも政治的なアキレス腱として政府を悩ませるであろう。共産党政権の正統性を主張するために政策変更ができないのであって、それらの地域を領有することが経済的にメリットがあるから主張しているのではない。既に現在の中国は日本の二倍以上のＧＤＰ（国民総生産）があり、今後も世界でも比較的高い七％前後の成長率が見込まれている。外貨保有高は断トツの世界最大で、日米に対して、今後も輸出超過で潤沢な資金を確保でき、石油やＬＰＧ等のエネルギー資源を入手するのに何の困難もない。

あまり知られていないが、既に中国は世界最大の自然エネルギー利用国である。風力発電は二〇一〇年に米国を抜いて世界一となり、原子力発電を上回っている。現在も巨大風力発電システムを六基建設中で、一基あたり小さいもので二万メガワット、大きいもので三・八万メガワットもある。原発一基が一千から二千メガワットであることを考えるとその巨大さが分かる（『大転換—新しいエネルギー経済のかたち』岩波書店　レスター・ブラウン著のあとがきより）。我々が考えているよりも、はるかに中国は豊かで潜在力もある。中国は沖縄を領有する必要すらない。むしろ、自己決定権の動きが盛んな沖縄を力で占領すれば、国内に最も厄介な独立闘争

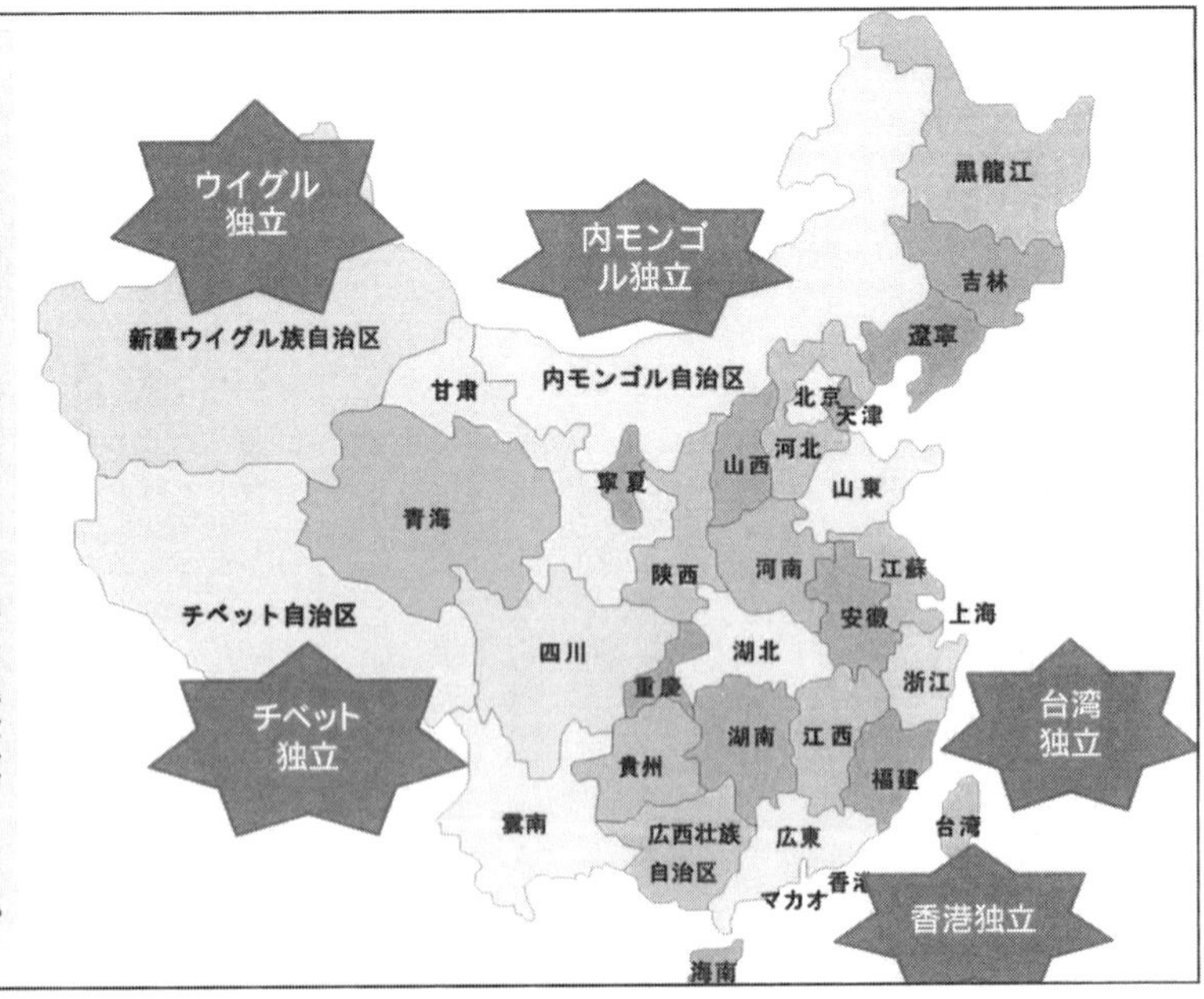

北京政府が強権的な施策をすると、独立闘争が激しくなる。

の火種を抱えることになる。一党独裁支配をしている中国共産党にとって自らの基盤を危うくする愚行を行うはずがないし、行う理由もない。

繰り返すが、中国は既に豊かな国で、他国を占領しなければ経済が立ち行かない状況でもなければ、戦争を仕掛けて経済を振興させる必要もない。中国の政策の最重要課題は、中国共産党の政権の維持である。中国革命から三分の二世紀も過ぎ、社会主義革命の熱意は既にない。国民の政権への支持を支えているのは、経済的な生活向上と国民としての誇りである。かつては清国という経済的大国でありながら、軍事的に劣勢なためアヘン戦争や日清戦争で領土割譲を余儀なくされた歴史を持つ。戦後は社会主義政権が成立し、強大な覇権国家であるアメリカと朝鮮戦争で直接戦火を交え、ベトナム戦争でも支援を通じて撃退した。この歴史から軍事面を軽視しない政策を継続している。

中国にとって軍事強化面で最大の課題は、南シナ海を通じての太平洋へのアクセスである。アメリカがそうであるように、ミサイル搭載の原子力潜水艦が世界の海に展開する時、その国を攻めることは世界中の海中から弾道ミサイルの核攻撃を受けることになる。これに対してはアメリカといえども防御不能で、それ故に核搭載の潜水艦が世界に布陣すれば他国から攻められる可能性はほぼ無くなる。琉球諸島がある東シナ海は水深が浅く、列島間を通過する度にアメリカに行動が把握される。その点、南シナ海東部は三千メートルもの水深が続き、他国に察知される事無く潜水艦の自由航行ができる。それ故、南シナ海において中国政府は海域確保の姿勢を取り続けている。

意外に思われるかもしれないが、中国は国境を接する一四ヵ国中一二ヵ国とは国境線を画定している。日本は近隣国全てと国境紛争を継続していることを考えれば、中国の外交手腕は注目に値する。南シナ海において中国が他国の領有する島を武力で領有し、さも南沙諸島全域を支配しているように日本では報道されているが、事実とは異なる。南沙諸島の実効支配国は島の領有数では、ベトナムが二十以上（どの島を領土に加え、どれを領土に含まれない岩礁と見なすかで差がある）、フィリピンが九、中国が七、マレーシアが五以上、台湾が一となっている（『それってどうなの？沖縄の基地の話』より）。

二〇〇二年に東南アジア諸国連合（ＡＳＥＡＮ）と中国は「南シナ海における関係国の行動規範に関する宣言（ＤＯＣ）」に調印し、領有権を巡る紛争の平和的解決を目指し、敵対的行動を行わないことを確認した。それでも各国が油田・天然ガス田の開発や海域の埋め立て、移民や構造物の建設を行った際も、二〇一三年までいかなる石油・天然ガスの採掘も行わず、埋め立ても行わなかった。逆に出遅れを取り戻すために性急な開発を行っているようにも見える。実際には、国力が大きい中国が、前述の軍事戦略的価値を確保し、中国の領有権主張を具体化するために動き出したことが近隣諸国の警戒心を引き起こしたと言える。そして中国自身も南沙諸島に領有権争いが存在することを認め、当事国間で交渉により解決しようとしている。当事者でもない日米が、台頭する中国を封じ込めるために、繰り返し中国の危険性を強調することの方が異常である。

東シナ海においては、香港の漁船が海上保安庁の船に体当たりしたことが大問題となったこともあり、尖閣諸島への民間船の出入りはすべて禁止している。完全に管理できる政府の公船のみで不測の事態を回避している。海監何号という中国海上保安庁の船が、ポツダム宣言の履行を求めて日本の帰属を否定する行動を取っているのみである。石原東京都知事（当時）のアメリカのシンクタンクでの尖閣買い取り発言に端を発した領有権問題は、日中間では棚上げすることで了解していた問題である。当時の民主党野田政権の中国に対する無理解から、尖閣諸島の国有化という最悪の施策を行い、中国政権に喧嘩を売ることになった。戦後秩序であるポツダム宣言の真っ向からの否定で、琉球が「本土復帰」している現状では、中国は尖閣諸島の中国帰属の主張しか取りえなくなった。そして南沙諸島問題に日米両国が介入したことによって、逆に中国は二〇一六年六月にロシア軍艦三隻に続いてフリゲート艦一隻が尖閣諸島の接続水域へと進入した。航行自体は国際法違反ではないが、日本の出方を探る中国軍の動きとして緊張を喚起した。今までは日中ともに治安維持が目的の海上保安庁の船舶による示威行動であったが、敵戦力を殲滅することを目的にする軍艦が相対すれば不測の事態も憂慮される。

安倍政権は中国の脅威を繰り返し煽ることによって日本の軍事化に正統性を与えようとしている。二〇一六年一月に航空自衛隊那覇基地に所属するF15戦闘機を二〇機から四〇機へと倍増した。与那国、石垣、宮古、奄美と自衛隊の軍事増強計画は止まるところを知らない。このような敵対的対応がもろに東アジアでの軍事緊張を高めている。日本の軍事増強は平和維持のため、他国の軍事増強は戦争の脅威という間抜けた論理を日本国民が克服しなければ、再び東アジアは戦禍にまみれるであろう。残念ながら、戦争を期待し、戦争によって利益を得るグループが日本の支配層にいることを忘れてはならない。

第二次世界大戦の終戦において、蒋介石の中華民国は日本への戦争賠償を放棄した。一九三七年七月時点で三〇〇億ドルと言われた巨額の補償を蒋介石が放棄したことによって、アジア諸国も対日請求額を大きく減額し（フィリピンは八〇億ドルから六億五千万ドルに）、第一次世界大戦後のドイツのように戦争賠償に苦しむことがなくなった。また、中国大陸に終戦時に残された日本軍兵士一三〇万人と民間人八五万人に対して、捕虜にすることも虐待することもなく日本に帰還させた。「怨みに報いるに徳を持ってす」という論語の言葉を引用して日本に対して寛容な態度を示した。

中国共産党の周恩来も日中国交回復の時に「我が国は賠償を求めない。日本の人民も、我が人民と同じく、日本の軍国主義者の犠牲者である」として戦争賠償を放棄した。彼らに共通している立場は、戦争を引き起こしたのは日本の軍国主義者で、一般庶民は同じ戦争で苦しんだという認識である。

「賠償を請求すれば、同じ被害者である日本人民を苦しめることになる」という立場では、「中国脅威論」は誰が何のために唱えているのか。日本の保守政治家とそれに連なるマスコミ、そして軍需産業の再建によって利益をうる防衛産業界である。

安倍首相が属する日本会議は、戦前の繁栄した日本を復活すべく、ポツダム宣言等の敗戦の受け入れを心良しとしない。第二次世界大戦も西欧列強からアジアを解放する聖戦であるとし、朝鮮や台湾という植民地も日本の支配下で暮らしが良くなったので、植民地支配を反省する必要が無いと主張する。戦争放棄の憲法九条は日本を無力化するもので、受け入れられない。主権在民は統治する側には邪魔物でしかないと考えている。

アメリカが東西冷戦の中での利害得失から日本を資本主義陣営につなぎ留め、米軍の世界戦略に組み込んだ中で、戦犯である内務官僚を再び日本の政治指導者として登場させた。彼らは戦前の価値観そのままに人権軽視や中央集権システムを日本的民主主義として装い、常に主権在民の思想と対峙している。アメリカも日本の軍国主義を復活させないためにポツダム宣言での非武装化を図ったのであるが、東西冷戦が激化する中で日本の米軍前線基地化という矛盾する政策を進めた。一九四九年の中国人民共和国の出現と翌年の朝鮮戦争で、日本の再軍備を選択するようになった。平和憲法の下、日本は直接戦争に参加しなかったが、戦争特需によって経済は大きく飛躍した。そのことが第二次世界大戦でこっぴどく破壊されたにもかかわらず、景気浮揚のために戦争を期待する経済界の心理を生んでいる。

戦中からの内務官僚と戦争特需で儲けた財界幹部によって、平和憲法は自由な選択をする上で邪魔物でしかない。自由民主党は結党以来憲法改正を謳っているし、財界も折あれば戦争特需で儲けたいと考えている。経済法則では、生産手段の高度化や量的拡大は、需要を上回る供給力を生み、企業は販売不振に陥る。しかし戦争関連の軍需産業は、戦争が続く限り作った武器は双方が破壊しあい、需要が続くことになる。現代の戦争は総力戦で、戦場となった国では国土のほとんどすべての物が破壊される。戦後のインフラ復興の権利を奪い合う先進国の思惑が、有志連合への軍事参加となっている面もある。特に産油国が戦場になる場合は、石油の輸出代金からインフラ費用が捻出できるので、戦場になりやすい。一九九一年―九二年の湾岸戦争の時に、フセイン・イラク大統領にクウェート侵攻を容認しているように振る舞ったアメリカは、イラクがクウェートに侵攻するや否や、欧米での多国籍軍を結成し、短期間でクウェートからイラク軍を撃退した。その結果、クウェートの石油利権は欧米の石油メジャーに移ることになった。イラク駐在大使グラスピーがフセイン大統領に「米国はイラクの行動には関心がない」と言い、ジョン・ケリー国務次官補も「クウェートが攻撃されても米国にはクウェートを助ける責任がない」と発言した裏には、イラクが経済破綻を逃れるためにクウェート侵攻を企図していることを知り、米国の対イラン強硬戦略からイラクとの戦争にアメリカは踏み切らないとフセインが考えるであろうことを想定したアメリカのしたたかな戦略がある。西側の他の先進国も戦争利権に与るために有志連合軍として参加した。元々アラブ世界の一地域であったクウェートを、石油埋蔵量が多いことからコントロールしやすいように砂漠に直線を引き独立させ、少数のクウェート王族の利権を作り出した西欧諸国であるが、湾岸戦争によってその石油利権も自分のモノにしたのである。『戦争論』を著わしたクラウゼビッツがいみじくも指摘しているように、戦争は政治の継続である。理由もなく行う戦争はない。そして政治はその根底において経済的な利益が介在している。近現代の戦争は、ことごとく経済的な理由で行われている。日本の戦中の内務官僚出身の政治家（現在の安倍首相は岸首相の孫にあたり同じ思想を持っている）も財界も、平和憲法で足枷を着けられることは、みすみす利益を見過ごすことになると考えている。

平和憲法で戦争放棄を謳っていることはそんな保守政治家や財界にとって不都合極まりない。しかし、戦争に兵士として参加する一般国民の平和憲法への支持は圧倒的である。そこで、憲法改正ではなく解釈改憲によって日本を戦争ができる国へと変質させようとしている。そのために北朝鮮脅威論や中国脅威論が取りざたされている。理性的に考えれば、北朝鮮や中国が日本に攻めてくる理由も状況もない。そこで使い古された方法ではあるが、脅威を針小棒大に煽り立て、攻められてからでは遅いと軍事拡張と軍隊のフリーハンドを進める。

危機を煽り立て戦争に導いたナチスドイツの教訓もある。「もちろん一般の国民は戦争を望みません。ソ連でも、イギリスでも、アメリカでも、そしてその点ではドイツでも同じです。政策を決めるのはその国の指導者です。そして国民は常に指導者の言いなりになるように仕向けられます。難しいことではない。われわれは他国から攻撃されかかっているのだと危機を煽り、平和主義者に対しては、愛国心が欠けていると非難すればよいのです。そして国を更なる危機に曝《さら》す。このやり方はどんな国でも有効です」（一九四六年八月三一日のニュルンベルク国際軍事法廷、ヘルマン・ゲーリングの最終陳述より）。日本の安倍政権はまさにこの手法を使っている。

危機や戦争の可能性を煽り、戦争放棄の平和憲法を骨抜きにして、アメリカと共に戦争経済（破壊と消費）による継続した需要創設で儲けようとしている日本の支配層が、ありもしない中国からの侵略を繰り返すことにより、逆に東アジアの緊張を高め、戦争の可能性を増大させ、国民を破綻の淵に導こうとしているのが「中国脅威論」である。

7 戦争を考える

戦争は政治の継続であり、政治は経済的な損得に強く影響される。実例を見てみよう。

歴史的には西欧列強が植民地化した中東が現代の戦争におけるホットスポットとなっている。一番の根本課題は、イスラエルの存在と領土拡張である。

これにはアラブ地域でオスマン・トルコと争っていたイギリスが、第一次世界大戦の中でとった三枚舌外交が原因としてある。イギリスはオスマン・トルコとの戦争を優位に運ぶために、矛盾する三つの国際的約束を行った。アラブ世界の統一と独立を約束したフサイン・マクマホン協定とフランスと領土分割を約束したサイクス・ピコ協定。そしてユダヤ国家の建設をロスチャイルドと約束したバルフォア宣言。同時に実現できない矛盾した約束を三つも行ったイギリスが、中東の混乱の原因を作ったのである。

サイクス・ピコ協定でフランスとイギリスによって引かれた恣意的な国境線により、三千万人のクルド人はトルコ・イラク・イラン・シリア・アルメニアに分断され、世界最大の国を持たない民族となった。

また、民族自決権を無視し、パレスチナに住む人々の意思を踏みにじってユダヤの新国家（イスラエル）の建設を約束し、パレスチナ問題を引き起こした。

第二次世界大戦中にドイツの支配地域や占領下地域、およびソビエトにおいて弾圧されたユダヤ人は、旧約聖書のバビロン捕囚以来あこがれの地であるエルサレムにユダヤ国家を建設しようとする（シオニズム運動）。英米において金融業で巨大なネットワークを形成していたユダヤ資本は、その力により西欧諸国の支援を獲得する。現在でも米国大統領選挙において共和党の候補者も民主党の候補者も、ユダヤ資本である金融業とマスコミ界を敵に回しては勝利できないので、全米ユダヤ協会に赴き、アメリカ政府とイスラエルの永遠の支援・支持を誓う。だれが大統領になってもアメリカはイスラエルに対して絶対的な支持を行う。

イスラエルにとって国家的な危機とは、アラブ世界が一致団結してパレスチナの失地回復に取り組むことである。それゆえイスラエルを支援するアメリカは、アラブ世界に分裂と対立を持ち込み、イスラエルが有利になるように画策する。キリスト教が圧倒的多数で、特に支配層ではその傾向が強いアメリカで、異教徒であるイスラム世界の中でキリスト教の母体ともいえるユダヤ教国家を支持することは、神の教えの実現という要素もある。また、アラブ世界には多くの石油埋蔵量があり、軍事介入することにより、石油利権を戦争の勝利によって獲得するという経済面も欧米がアラブ世界に介入する理由となる。

イギリスがフランスと領土分割を約束したサイクス・ピコ協定は、アラブ世界の文化や歴史を全く無視し、国境線（当時は支配地域の境界）を地図上に引いた。また、存在しない国イスラエルの建設をユダヤ実業家のロスチャイルドと約束するなど、イギリスの手前勝手さが混乱の第一原因である。

しかし、第二次世界大戦後の継続するアラブ世界への欧米の軍事介入は、明らかに経済的な要因が大きな位置を占める。

　純粋軍事面でも欧米のちぐはぐな政策が、混乱を生み出している状況がある。アメリカを例に取ると、アフガニスタンへ侵攻したソビエトに対抗するためにサウジアラビアの富豪であるオサマ・ビン・ラディン等に武器と資金を援助してイスラム世界の武力近代化を行ったこと。親米国家であったイランのパーレビ政権がイスラム革命によって打倒されると、隣国のイラクのフセイン政権に武器援助をし、イラン・イラク戦争を後押ししたこと。そしてアメリカが軍事援助し強化したアフガニスタンのオマル政権もイラクのフセイン政権も、その後に直接軍事行動によって攻め滅ぼしたのである。一九九一年の湾岸戦争で軍事的にほぼ解体されたイラクに対して、アメリカをはじめとする多国籍軍は二〇〇三年にイラク戦争でフセイン政権を打倒した。大量破壊兵器も存在しないしアルカイダとは不仲だったフセイン・イラク政権を誤った理由で攻め滅ぼしたこのイラク戦争は、国連決議もなく、多国籍軍による先制攻撃であり、そのこと自体が国際法違反である（註1）。まさに一方的な虐殺ともいえる侵略で、特に米軍がフセイン政権を打倒した後の二〇〇四年一一月七日から一二月二五日において、イラクの都市ファルージャでは老若男女を問わず医療機関を破壊した上で虐殺に及んでいる。軍隊とは人間性を否定してこそ存在することを、この事実は証明している。罪もない市民を、ただ上官の命令だからと殺戮するのである。明らかな戦争犯罪であるファルージャの虐殺は、未だにイラク国内でも国際的にも罪を問われてはいない。

　次いで、戦争の経済的側面に焦点を当ててみる。湾岸戦争に至る経緯に欧米の思惑が現われている。八年にも及ぶイラン・イラク戦争において、イランのイスラム革命に敵対する欧米は隣国イラクを支援した。米ソやペルシャ湾岸諸国の援助を受けたイラク軍は中東ではイスラエルに次ぐ軍事力となったが、一方で戦時債務は六〇〇億ドルに達し、経済的に苦境に陥っていた。イラクの財源である石油の輸出もクウェートが石油価格の値上げに応じず、量産を継続したため財政の改善は見込めない状況となった。そこでイラクは一九九〇年八月二日に、元々クウェートはイラクの一部であると主張し侵攻した。七月二五日にフセインと会談したアメリカのエイプリル・グラスピー駐イラク特命全権大使が、この問題に対しての不介入を表明したこともあり、イラクはアメリカがクウェート侵攻を容認すると考えた。しかしアメリカの思惑は中東における石油権益の獲得にあり、クウェートの侵攻したイラク軍を軍事攻撃により破壊し、同時に戦闘によって破壊されたクウェートの石油施設を含むインフラ建設を通じて、クウェートの王族から石油メジャーへ諸権益を移した。一一月二九日に国連決議六七八によって武力行使が国際的に容認され、翌年一月一七日に三四ヵ国からなる多国籍軍がイラクに侵攻した。二月二三日からの陸上戦では、わずか百時間でイラク軍が崩壊し戦闘は終了した。多国籍軍の戦費六〇〇億ドルのうち四〇〇万ドルをサウジアラビアが負担した。アメリカで生まれ育ち、クウェートに一度も行ったことがない在米クウェート大使の娘が、でっち上げた嘘（イラクの病院でボランティアとして働いていたという設定を、アメリカの広告代理店ヒル・アンド・ノウルトン社が作り上げた。イラク軍が保育器の乳幼児何百人を殺害というもの。のちに現地クウェート人医師によりイラク軍の蛮行共々嘘と発覚）のイラクの蛮行を、さも体験したように議会の公聴会で泣きながら訴え、イラク撃つべしという世論を作った。汚濁石油まみれの水鳥の瀕死の状況を全世界に放映し、イラク軍の環境破壊の実情とされたのであるが、実はアメリカの空爆によって石油流出が起き、ビデオと写真の提供者が米軍であったことが判明した。

このような情報操作によって湾岸戦争は行われた。そして先に述べたようにイラク戦争も偽の情報によって「正義の戦争」として進められた。いずれも後に偽情報と判明するのであるが、烙印を押された側のイメージはその嘘の情報によって定着している。

そこまでして戦争を仕掛ける理由は中東の石油権益とイスラエル国家の安泰である。第二次世界大戦後、民族独立によって獲得したクウェートとイラクの石油利権は、湾岸戦争とイラク戦争によって欧米の石油メジャーの手に回収されてしまった。特に、イラク戦争は国連憲章が禁止する先制攻撃によって、また国連決議もなくアメリカを中心とする有志連合によって行われたのである。イラク戦争に参加した国々によって石油権益や復興インフラ事業が独占されたことからも、戦争が政治の継続であり、政治は経済的利益により動かされていることが判る。

国連憲章には以下の条文がある。明らかにこれに違反した有志連合の戦争行為であった。

(註1) 国連憲章第二条(原則)三項と四項による。

3 All Members shall settle their international disputes by peaceful means in such a manner that interna-tional peace and security, and justice, are not endangered.

3 すべての加盟国は、その国際紛争を平和的手段によって国際の平和及び安全並びに正義を危うくしないように解決しなければならない。

4 All Members shall refrain in their international relations from the threat or use of force against the ter-ritorial integrity or political independence of any state, or in any other manner inconsistent with the Purposes of the United Nations.

4 すべての加盟国は、その国際関係において、武力による威嚇又は武力の行使を、いかなる国の領土保全又は政治的独立に対するものも、また、国際連合の目的と両立しない他のいかなる方法によるものも慎まなければならない。

「産軍複合体」の影響力

沖縄への配備で大きな反対運動が起きている垂直離着陸機オスプレイは全米四〇州の二千の工場で部品が作られている。冷戦終了で不況に陥っていた産軍複合体は高額なオスプレイの製造に力を入れた。政治家は選挙で勝つためにはオスプレイ製造に反対できない構造となっている。安倍政権は米軍への統合化のためにそのオスプレイの購入を決めた。

二〇一五年五月の記事を引用する。

【ワシントン時事】米政府は五日、垂直離着陸輸送機V22オスプレイ十七機と関連装備を日本に売却する方針を決め、議会に通知した。売却総額は推定で計三十億ドル（三千六百億円）。米政府によると、日本はオスプレイ本体のほか、代替部品、エンジン四十基、赤外線前方監視装置四十基などの売却を求めてきた。

関連部品を含めることで単価を分かりにくくしているが、一機当たり二〇〇億円も掛かる。自衛隊が導入したUH－60JA多用途へリコプターが約三七億円、CH－47JA輸送へリコプターが約五三億円であることを考えると非常に高額である。しかも開発段階から何度となく製造中止の話が出ては、政治家が強引に予算を復活させてきた歴史がある。具体的な欠陥とは、構造上エンジンが飛行中に停止しても滑空して着陸できるオートローテーション機能がなく、墜落するしかない。回転翼に比べて機体重量が重いので、不安定で気流の影響を受けやすい。編隊飛行をすると他機の起こす風の影響で操縦が困難になり、最悪墜落する。離着陸時にエンジンの排気口が下向きになるので、熱排気で地上の樹木が火事になる（ネパール地震に派遣されたオスプレイが付近に火災を起こした）。対地火器が貧弱で自己防御能力が弱く、戦闘地域では使えない。

このような数多くの欠陥を持っている。そのために一度は購入を検討したイスラエルが導入中止をし、お膝元のアメリカ陸軍も購入をしないほどである。

このように合理的な判断からは決して出てこないオスプレイの配備が進められるのは、産軍複合体の力が強いからである。歴史的にもアメリカの政治において大きな影響力を持っている。

ストックホルム国際平和研究所（Stockholm International Peace Research Institute, SIPRI）は二〇一五年四月一三日、二〇一四年における世界の軍事費動向をまとめたレポート「Trends in World military expenditure 2014」を発表した。世界全体の軍事費は一兆七七六〇億ドルで、そのうちアメリカ一国で六一〇〇億ドルで三四・三%と三分の一を占めている。アメリカの国家予算が三兆七千億ドルで軍事費は一六・五%である。アメリカの産軍複合体を見る時に大事なことは、武器輸出と支配国に対する権益である。アメリカの政府要人が民間に下野した後、軍需産業の経営に関わることは頻繁にある。チェイニー副大統領が最高経営責任者であったハリバートン社やシュルツ国務長官が経営者であったベクテル社は、アフガン・イラク戦争に深く係わり、インフラ復興で大儲けしている。ロッキード・マーチン社の副社長であったブルース・ジャクソンは、「二〇〇二年イラク解放連合」という組織を設立し、子ブッシュのイラク戦争を支持した。

アメリカの軍需産業はアフガン・イラク戦費の増額で利潤を大幅に増大させた。子ブッシュ大統領の在任中にアメリカはアフガンとイラクに戦争を仕掛け、軍需産業に多大な利益をもたらした。二〇〇七年の世界の軍需産業の売上高で見ると、一位はロッキードグラマン社で三六〇億ドル。二位はボーイング社で三〇八億ドル。四位にノースロップ・グラマン社の二三六億ドルと、一〇位以内に七社、二〇位以内に一四社入っている（defence News 参照）。

このように巨大軍需産業は戦争と深く係わり、時には戦争政策にも直接影響を与えている。

ベトナム戦争を収束させようとしたケネディ大統領が一九六三年一一月に南部の町ダラスで銃撃を受け暗殺された。その後、副大統領のジョンソンが大統領に就任し、ベトナムの戦線を拡大させ、軍需産業に多大な利益をもたらした。ケネディ暗殺の調査をしたウォーレン報告書は、当初二〇三九年まで封印される予定であったが、一九九二年に二%を除き公開された。暗殺の瞬間は、今でもニュースフィルムで確認できる。報告書ではケネディは後ろから撃たれたことになっているが、脳漿は後部のトランクの上に飛び散り、ジャクリーヌ・ケネディが手で集めようとしている。撃たれた瞬間ケネディはガクッと後ろに首を垂れ、前からの衝撃を感じさせる。多くの疑問点が残されたままであるが、いずれにしてもケネディ暗殺で利益を得たのは産軍複合体で、ジョンソン大統領になってベトナム戦争の泥沼に深く足を突っ込むことになる。ジョンソン大統領は暗殺調査情報を当初は七五年、その後の情報公開法でも三〇年間非公開にしたのは正しい判断であろうか。長期間秘密の後に情報公開されても、公開された新しい情報に対して、それの適否を判断する材料がその時点で存在しているのか疑問である。後々公開された新情報に対して疑問があっても、それに反論する手段が時間の壁によって阻害されるという事がある。事実を明らかにするためならば、情報はできるだけ速やかに公開すべきであり、非公開にするのはその時点で非公開の権限を持つ権力に有利だからである。

九・一一の同時多発テロも誰が利益を得たのかという角度で見ると違った様相を見せる。ニューヨークのツインタワーは二機の飛行機の激突により炎上し、その数時間後に崩落した。これを機に子ブッシュはアフガニスタン戦争を始め、そしてイラク戦争へと戦火を拡大していく。アメリカの産軍複合体は、これらの戦争で多額の利益を生み出す。軍隊の装備を一新し、戦争という破壊活動の極限で、武器という商品の需要が継続する。

先に触れたオスプレイの例でも分かるが、アメリカのような産軍複合体が大きな力を持つ国では、彼らの意向が政策決定に大きな影響を与える。戦争を起こす、戦争を継続するという事が、軍需産業にとって最大関心事であり、それを阻害する勢力や人物を軍需産業は排除するという事である。

日本も武器の輸出を安倍政権で解禁した。戦争を商売にする企業が大手を振って政治に介入することになる。人を殺すことを商売にする軍需企業に、倫理的な価値を説いても無意味である。彼らにとっては、人はいずれ死ぬのであり、それが多少早いか遅いかの違いでしかない。だったら国民経済(軍需産業)の利益に貢献するために、邪魔な人物には早めに死んでもらうという事になる。軍需産業を育てるということは、戦争遂行のための秘め事を行う機関を育てることである。暗殺や謀略など、平和な世界を建設しようとする人々をターゲットにした悪事を仕事とする専門家を作ることである。民主主義とは相容れない、このようなシステム作りに安倍政権が積極的なのは、彼らの属する階層が日本の軍事化によって利益を受けるからである。軍事化を前に進めるのは簡単であるが、縮小させるのは命の危険が伴う。アメリカ社会のミニチュア版が日本に出現し、いよいよ日本は袋小路にはまっていく。

8　目指すべき琉球社会

徹底した民主社会建設

歴史的にも現在的にも、琉球は独立国家となるべきである。日本の富国強兵政策の第一の侵略占領地となり、当時の国際法に照らしても武力で国王を拉致し、不服従の民を軍隊と警察権力という暴力装置で威嚇・拷問し、屈服させることは違法である。そのようにして併合された琉球が、日本の固有の領土である訳がない。その後の日本の帝国主義政策が甚大な被害をアジア全域に及ぼし、破綻の中でポツダム宣言を受諾し敗戦を迎えた。そのポツダム宣言でも北海道、本州、四国、九州と、その周辺の小島のみに主権の範囲は限定されている。この戦後秩序を在沖米軍基地を存続させるために「潜在主権」という欺瞞で日米政府が破り、今の東アジアの緊張がある。

では、現実的な独立への道筋はどのようにして具体化させるのか。世界最強の米軍が「いつでも、どこでも、望むだけ自由に使える」基地として沖縄を位置づけている以上、その独立は武力闘争＝独立戦争によっては成しえない。人権規範や国際法の「意思決定権を持ったピープル」として、米軍占領を世界に不正義として認知させ、米国が建前としている「人権」と「自由」を米国自身が踏みにじっていることを強く世界に訴えるべきである。

形式的には、日本政府が米軍基地用地を米国に提供しているので、都合が悪くなると米国は、在沖米軍基地問題は日本の国内問題だと言い逃れする。しかし、琉球という地域の歴史性や国際規範から考えれば、最初から日米対琉球の国際問題である。歴史的反省を極度に嫌う日本人の特性から、事実を認めようとはしないだろうが、基本は揺るがせにはできない。また、誤った認識が広まっているが、琉球の独立に関して日本が承認するかしないかは重要な事項ではあるが、必要不可欠ではない。世界の歴史を見ても、宗主国が植民地を自ら解放・独立させた例の方が少ない。国際規範の中で、ならず者国家として帝国主義の烙印を押され、国際的な発言力も低下することを嫌い、民主主義国家の体裁を保つために、やむなく植民地の独立を認めるものである。

それでも琉球が独立するためには、世界や、とりわけ近隣諸国の賛同が不可欠である。琉球が独立した方が明らかに世界に貢献できるという独立への進め方が求められる。米国等の武力による平定が、逆にテロを世界に蔓延させた事実から、国際紛争の解決の手段としての戦力行使は、逆に問題を複雑にし、より解決困難にする。琉球は歴史的にも近隣友好によって栄えた「非武の邦」であり、近年の住民四人に一人が亡くなった沖縄戦を体験することによって、その信念を強くしている。それは辺野古・高江への米軍の新基地建設に反対する住民の粘り強い非暴力直接行動にも表れている。この非武装・非暴力の信念は、二一世紀の世界にとって、ますます重要度を増すであろう。さらに、他者の痛みを自分の痛みとして受け止める感性は、「いちゃりば　ちょーでぃ（出会えば　兄弟）」の気持ちとして日常生活に広く見られる。とりもなおさず、人の嫌がることをしない。人の喜びも自分の喜びとして感じる感性は、人権思想の真髄である。神奈川大学大学院法務研究科の阿部浩己教授が、琉球大学で二〇一五年一二月に開催された日本平和学会で、辺野古に新基地を押し付けようとしている日本政府と闘っている沖縄県が活路を開くには、徹底した人権思想が体現される地域創りを行うことだと話された。バリアフリーは言うに及ばず、性的少数者の権利を守り、子供や老人の過ごしやすい地域社会を作り、難民や被抑圧者を保護する。ホームレスに家と仕事を保障し、観光客やビジネスで来沖した人々に再び訪ねたいと思われるような地域つくりである。他の地域ならば絵空事で終わるが、沖縄の人々の感性からは、できるかもしれないと思われた。世界やとりわけ東アジアの国々から支持される琉球を築けば、警察権力等の暴力装置で軍事基地を押し付けようとしている日米政府は孤立するであろう。

必要なことは、経済的裏付けと継続可能なシステム創りである。

幸いなことに、沖縄には大きな可能性がある。一つには、四方を海で囲われ、二〇〇海里の排他的経済水域は中国一国を凌ぐ広さである。中国の排他的経済水域は八七万平方キロで日本は四四七万平方キロで世界の六位の広さである。琉球弧だけでも中国よりも広い排他的経済水域を持っている。排他的経済水域は国際規範で公認され、米国や中国や日本もその規則に則っている。かつては日本の漁船団がアフリカ大陸の周囲で魚を根絶やしにするほど獲り、地域の漁民が生活に困窮することがあった。水産資源の維持保全という角度から、公海と言えども沿岸国に資源管理を委ねる事が必要となり、排他的経済水域が決められた。先住民族の権利や経済的自決権を獲得すれば、広大な沖縄の海域を独占的に利用出来、沖縄の千倍の人口がある中国の港に直接水揚げ出来れば、沖縄の水産業の可能性は想像を絶するものがある。また、養殖などの海面活用を行えば、今の人口の何倍もの人が生活できる地域である。

二つ目は自然の多様性である。グアムやハワイイが島嶼の多様な自然を活用して世界中から観光客を集めているように、東洋のガラパゴスと言われる沖縄にもサンゴ礁と美しい海岸、生物多様性にあふれる「やんばる」や西表島も存在する。自然環境の維持可能性に配慮したコスタリカのような観光政策を行えば、地域が潤い、自然環境の保全も行えるエコツーリズムも可能であろう。

二〇一五年度の沖縄県の観光関連収入は六〇二二億円であった。公共工事等の政府支出と基地関連収入がそれぞれ二〇〇〇億円なので、基幹産業である観光業はその両者を足しても余りある対外収入獲得分野となっている。大事なことは公共工事や基地建設による自然破壊および、広大な軍用地が産業に供される事無く存在していることは、観光産業にとってマイナスの影響しかない。中米コスタリカのように国を挙げて継続的な観光政策を取り組むべきである。具体的には絶滅危惧種や貴重種が存在する西表島や沖縄島北部の通称「やんばる」と呼ばれる地域はサンクチュアリー（聖域）として手厚く自然保護を行い、例えば普天間飛行場の返還地等はコスタリカの首都サンホセにある「インビオ・パルケ」のようなマス・ツーリズムに対応する観光テーマパークを建設し、沖縄の多様な自然環境を再現し、人工的に管理することによって観光客に疑似体験を提供する。島嶼の自然環境は脆弱で、大人数の観光客が継続的に訪れれば回復困難な改変を引き起こす。そこでサンクチュアリー地域は入域者を限定し自然環境の維持・保全を第一に考え、マス・ツーリズムに対しては自然テーマパークで対応するという棲み分けが必要である。近年、沖縄を訪れている中華系の観光客は、「爆買い」に象徴される電化製品や医療薬の購入が目的と考えられる。大型クルーズ船での寄港も多く、滞在時間に制約もある。そこで効率よく沖縄の自然環境の疑似体験ができるテーマパークが新たな消費行動として有望であろう。

目指すべき琉球社会――その経済的根拠

なにも沖縄が新自由主義市場で勝者になる必要はない。先に挙げた優位性を活用して、無理なく継続的に稼げる外貨の範囲内で、他の地域から必要な物資を購入すればよい。既に述べたように現在の沖縄の観光関連業の対外受け取りは六〇〇〇億円を超えている。基地関連収入が二〇〇〇億円で政府投入資金（公共事業等）が二〇〇〇億円なので、その両者を合わせた額より多くを観光で稼いでいる。

隣国中国には一三億人の人口があり、沖縄の千倍の消費者が居る。現在の中国特に沿岸部の住民は、所得の向上に従って健康志向が高まり、水産物の需要は増加の一途である。かつて中国漁民が韓国の水上警察と漁業海域を巡って争いとなり、国際問題にもなったことがある。他国の警察と揉めても、無理な漁業をすれば儲かるほど、中国には魚介類に対する大きな需要がある。中国の港に沖縄漁船が沖縄の排他的経済水域で獲れた魚介類を水揚げできれば、可能性は今の桁違いである。琉球が独立できれば、中国も日本も沖縄の海域での漁業は出来なくなり、沖縄の水産業は飛躍的に発展するであろう。

独立の理念で一つ銘記すべきことがある。先住民（族）の権利である。ハワイイの先住民が、米軍の演習地として歴史的に重要な霊的場所が奪われたことに対しては、世界中の人が眉を寄せるであろう。歴史文化遺産の保護は軍事よりも優先であるべきだ。同じようにその地域で何代も暮らす人の生活環境と環境に対する決定権は、常に優先されるべきである。移住者は先住民（族）の権利を守ることによって初めてその地域に受け入れられる。移住者の方が多数になっても、この権利は守られる。さもないと大企業や軍事基地等の開発に対抗できないからである。ここでも多数決は決定権を持たない。これは排他的処置ではない。地域環境に対する関係性に先住民（族）と移住者では濃淡があるからである。既に開発優位の時代ではない。自然環境の維持や文化の保全こそ二一世紀の最重要課題である。地球環境の多様性を守るうえで、地域性を持たない大企業や金融資本や軍隊が、自らの都合の良いように開発を行うことに対して、先住民（族）は自然環境の保護という立場で対峙してきた歴史がある。グアムにおいては既に先住民族のチャモロ人は少数者である。移住してきたアメリカ軍の関係者が、多数決で自然環境の破壊の決定権を持つことは、地球環境の多様性を守る上で許されることではない。残念ながら現在のグアムは先住民の権利が守られていない。軍事優先となっている。このような事態に沖縄をしてはいけない。先住民（族）の権利は国際規範により銘記されているのである。

ここに市民外交センターが訳した条文を一部引用する。

『先住民族の権利に関する国際連合宣言（仮訳）国連総会第六一会期二〇〇七年九月一三日採択

（国連文書　A／RES／61／295付属文書）』

【前文第16、17段落】

国際連合憲章、経済的、社会的及び文化的権利に関する国際規約、そして市民的及び政治的権利に関する国際規約、ならびにウィーン宣言および行動計画が、すべての民族の自己決定の権利ならびにその権利に基づき、彼／女らが自らの政治的地位を自由に決定し、自らの経済的、社会的および文化的発展を自由に追求することの基本的な重要性を確認していることを是認し、本宣言中のいかなる規定も、どの民族に対しても、国際法に従って行使されるところの、その自己決定の権利を否認するために利用されてはならない。

第5条【国政への参加と独自な制度の維持】

先住民族は、国家の政治的、経済的、社会的および文化的生活に、彼／女らがそう選択すれば、完全に参加する権利を保持する一方、自らの独自の政治的、法的、経済的、社会的および文化的制度を維持しかつ強化する権利を有する。

第6条【国籍に対する権利】

すべての先住民族である個人は、国籍／民族籍に対する権利を有する。

第14条【教育の権利】

1. 先住民族は、自らの文化的な教育法および学習法に適した方法で、独自の言語で教育を提供する教育制度および施設を設立し、管理する権利を有する。

2. 先住民族である個人、特に子どもは、国家によるあらゆる段階と形態の教育を、差別されずに受ける権利を有する。

3. 国家は、先住民族と連携して、その共同体の外に居住する者を含め先住民族である個人、特に子どもが、可能な場合に、独自の文化および言語による教育に対してアクセス（到達もしくは入手し、利用）できるよう、効果的措置をとる。

第26条【土地や領域、資源に対する権利】
1．先住民族は、自らが伝統的に所有し、占有し、またはその他の方法で使用し、もしくは取得してきた土地や領域、資源に対する権利を有する。
2．先住民族は、自らが、伝統的な所有権もしくはその他の伝統的な占有または使用により所有し、あるいはその他の方法で取得した土地や領域、資源を所有し、使用し、開発し、管理する権利を有する。
3．国家は、これらの土地と領域、資源に対する法的承認および保護を与える。そのような承認は、関係する先住民族の慣習、伝統、および土地保有制度を十分に尊重してなされる。

これほど明確に規定された『先住民族の権利に関する国際連合宣言』を、日本は国連総会において賛成票を投じ、認めている。琉球（沖縄）の人々が求めていることは、この国際連合宣言の内容そのものである。現在、沖縄で盛んになりつつある独立論議ではあるが、国連総会で認められた先住民の権利を理解せず、移住者と先住民との機械的平等や多数決原理の当てはめで独立論が批判を受けることがある。国会決議に（即ち日本政府に）従えとか、移住者の権利を認めるべきとかである。未だ日本国内においてマイノリティである琉球の人々が、先住民（族）としての権利を行使できる状態ではない。頑張って権利主張をしなければ自らのアイデンティティも保持できないのが、今の日本の実情である。

国家による個人の権利侵害や、民主主義のインフラとしての情報公開がなされない日本において、国際連合宣言によって明確になった琉球の人々の自決の権利を擁護し、実現することが日本の民主主義の第一歩として必要不可欠である。

9 新生琉球の経済政策

金融・貨幣政策による富の集中

既に日米の経済政策で触れたことであるが、米国はドルで国債を発行し、為替をドル安に誘導し、実質返済額を軽減している。基軸通貨であるので、交易の決済にはドルが必要で各国はドルの保有が不可欠である。現金で保持しても利子がつかないので、米国債で保有することになる。

日本も一本調子の円高から、アベノミクスと称して多量の円の市中流通を行い、円安へと導いた。日本も多額の国債を抱え、当然国債の償還は円で行う。円安は償還負担の軽減になる。日本の国債は外国では、ほとんど購入されていないので、この減価の損失は日本国内が負うことになる。日米政府が行う、為替操作を含めた通貨の減価政策、即ち民衆からの収奪施策に、どのように立ち向かうのか。

戦後の福祉国家を目指したケインズ政策でも、クリーピング・インフレーション（忍び寄るインフレ）が勤労者の実質賃金を長期的には減少させるので、それを上回る賃上げを行う必要が言われていた。現代は、新興国の安い賃金とのコスト競争を強要されているので、アベノミクスで円安誘導し、インフレが進んでも、賃金は減少する事態である。

金融業からの融資に対する利子も重大な課題である。

デヴィッド・ハーヴェイ『資本の〈謎〉』には以下の記述がある。

「国家－金融結合体（ネクサス）」を形成すると、合法的手段で富の収奪を行う。上下水道や電気、ガス、公共交通、通信、保険制度等を民営化し、市場競争という名の利益追求第一へと変化する。また、途上国の通貨に売りを浴びせて支えきれなくし、暴落した所で安く買い戻すという行為を持って先進国の金融センターが潤うようにした。（72ページ）この「国家－金融結合体」には一般大衆から利子や税を取る権限と、信用創造によって預金額の何倍もの融資を行い利子を得ることができる。その結果１９７０年ではアメリカの全利潤に対する金融サービスの寄与率は15％であったが、２００５年には40％にも上昇した。

グローバル化での実質賃金低下

グローバル化した世界市場の中で、制約無しの競争に組み込まれると、先進国は途上国の安い賃金と雇用獲得の面で争うことになる。日本を例にとると、世界最高水準の賃金を獲得していた時代から、中国の市場参入によって、まず量産品の工場が中国に移転し、次いで高度技術の工程も移転してきた。中国が経済成長で賃金が上昇すると、ベトナムが安い賃金で日本の雇用を奪うことになる。

ベトナムが経済発展して賃金が高くなると、ミャンマーやバングラディシュが登場する。先に経済発展した中国やベトナムも、それらの国の追撃を受けることになり、賃金競争に巻き込まれる。かつては、勤労者の技術の進歩やシステムの改良によって効率が向上することにより、企業もベースアップを実施することができた。今では、途上国の低賃金とのコスト競争にさらされているので、インフレを上回る賃上げは困難で、実質賃金の低下というサイクルを通して富の大企業への集中がなされる。続々と登場する新興国との際限なき賃金低下スパイラルに巻き込まれ、労働者は生活経費を切り詰め、徐々に余裕のない生活になる。

一方で、金とのリンクが外れた基軸通貨のドルは、ＦＲＢ（連邦準備制度）の景気刺激策で多量に世界に流通し、余剰マネーは投機資金となって利潤を吸い上げる。実体経済の何倍もの通貨供給量は、利子として世界で産出される富の大部分をウォール街の住民に集中させる。

アメリカの所得上位一％の人々が米国の富の四〇％を占有し、日本の所得上位一％の人が日本の国富の二〇％を占有している。

社会インフラまで競争原理に

三〇年ほど前の日本は、国民総中流社会といわれ、所得格差の少ない国であった。しかしその後、本来は競争で利益を得るのは適さない医療や介護や教育や郵便事業等の社会インフラの分野にまで規制緩和という競争原理が支配的になり、沖縄でも赤字だから病院のスタッフを削減させるということがまかり通ることになった。競争分野と共生分野を分け、基本的人権が守られる最低限の生活保障を、すべての人が享受できるようにすべきである。

既に日本は世界でも有数の公務員率が少ない国である。まるで、公務員だと効率が悪く、民間に任せれば効率が良くなるように言われてきた。しかし、公務とは競争原理が重要なのではなく、公平さ、公正さこそが大事なのである。公務員は国民全体・社会への奉仕者として働くのである。効率が悪くても、例えば人口の少ない地域の社会インフラは、人々が生活していくために必要なものである。これを民間企業に委ね、利益が出ないからと事業を廃止すれば、たちまち生活ができなくなる。電気、上下水道、郵便事業、道路と公共交通機関、これらが利益第一主義で運営されたら庶民は追い詰められるであろう。現在のフィリピンがそうである。フランスの水事業会社に水道業務を政府は売渡し、その結果、以前の何倍もの水道料金を人々は請求されている。

総務省統計局による公務員の国際比較によれば、人口千人当たりの公務員数は、ドイツが三五・一、フランスが三五・〇、ノルウェーが三一・三、オランダが三〇・〇、英国が二八・七、カナダが二七・四、米国が二二・二、イタリアが二一・五、フィリピンが二〇・〇である。それに比較して日本は一八・二と低く、先進国中では最低である。社会インフラがどんどん削減されていく事に、主権者が問題意識を持っていない。

共通貨幣と地域貨幣

ドルや円は世界経済の中で大きな役割を担っている。貨幣の本来の役割である交換材として特化すれば過剰な金利や富の過度の集中は起こらないであろう。現実には世界に跋扈する過剰ドルが金利を求めて徘徊し、労働による対価も経済システムの中でウォール街へと集められる。この通貨制度の中で受け身で生活を守ることはできない。例えば、三五年契約で住宅ローンを組むと、借入額とほぼ同額の利子を、三五年間払い続けなければならない。自覚しなくても、市販されている商品には全て銀行利子が入っている。企業が設備投資に、資金繰りに、銀行融資を受けていて、その利子を含めて稼がないと企業経営が成り立たないからである。

ユーロは、ドルに対抗して決済通貨としての地位を獲得しようと、その流通域を拡大している。規模が大きいほど、通貨発行益も大きくなり、経済政策にも自由度が増す。しかし、ギリシャ危機に現われたように、各国は独自の通貨政策を取り得なくなり、また、競争力のあるドイツに利益が集中するという弊害も現れている。障壁のない自由競争では、規模の大きな企業が勝利する。通貨を共通にすると、通貨流通量で各国が為替調整を行うことはできない。ＴＰＰもそうであるが、保護策の無い中でガリバー企業と競争するという事は、無鉄砲の極みである。米国のような格差社会を目ざす日本の富裕層や大企業（既に多国籍企業として資本提携をしている）の思惑通りに、制度の破壊が進んでいる。小泉改革の時もそうであるが、被害を受ける勤労者が、その内実を理解せずに「規制改革、岩盤特権を許すな！」と自らの生活基盤の破壊に手を貸している実情がある。

共通通貨には、競争原理がもろに働く。ならばその対極である地域通貨で生活防衛を図ることが必要である。ドイツやアメリカでは、地域通貨で生活保護を行う取り組みが行われている。日本では地域通貨というと、商店街のおまけ券程度の認識しかない。ここで論評する地域通貨は、マイナスの金利で保持するほどコストがかかる貨幣である。例えば一万円（単位は普通別の名称になるが、ここでは判り易さから円を使用）持っていると月末には裏のシール欄に五〇円シールを張る。年間では六〇〇円シール代がかかる。これは年間マイナス六％の金利である。日常生活の支出はこの地域通貨で行うと、どのようなことが地域で起きるのか。地域通貨をため込む人はいない。マイナスの金利が発生するからである。必要な生活資材は地域通貨で速やかに購入する。人々はマイナス金利の影響を減らすために、購買行動が盛んになる。共通通貨と比べて地域通貨の流通速度は数倍になる。世の中でグルグルとお金が回るのである。貨幣と逆方向に商品が移動するので、単純に経済活動が盛んになる。しかし、マイナス金利の通貨を人々は受け取るだろうかという疑問が湧く。歴史的にはドイツ・オーストリアで成功事例がある。第一次世界大戦後のドイツは巨額の賠償金を課され、不景気のドン底であった。町中に失業者があふれ、商品は売れず、仕事があっても資金が無いので雇用ができない状態であった。そこで、ドイツ南部の都市は「労働証明書」を発行して通貨の代わりとした。人々はこの労働証明書が使える商店に殺到し、それを見た他の商店も直ちに「労働証明書」での支払いを受け入れた。この考え方は第一次世界大戦後、レーテ共和国時代のバイエルンに居たシルビオ・ゲゼルという人物の発想で、ゲゼルは「お金は老化しなければならない」と考えた。他の商品が時間と共に劣化する、貨幣も時間と共に価値を減らせば、その優位性を克服でき、正当な交換材としての役割に専念できるというものである。詳しくは『エンデの遺言――根源からお金を問うこと』（講談社＋α文庫）を参照されたい。

マイナス金利の地域貨幣では、富の蓄積も借金の蓄積も困難である。それ故、地域貨幣はドルや円という共通貨幣との共存によって経済活動に自身の領域を築く。社会には競争部門と共生部門があり、今の新自由主義は、その共生部門まで競争化させ、ごく少数の富裕層と大企業への富の集中を行っている。もし、地域貨幣で基礎的生活資材の調達ができる社会になれば、例えば、経済恐慌時において共通貨幣の分野は、株の暴落や企業倒産という被害が起きるが、人々が今までと同じように日常必要とする生活資材は地域貨幣で流通する。第一次世界大戦後の不況時のドイツで、地域貨幣によって経済が活性化した実例からも分かるように、人々の基礎的生活は好況時も不況時もさほど変化はないのであって、日常に必要なものは不況時でも需要がある。そこを地域貨幣の領域とすればよいのである。

琉球(沖縄)に即して論ずれば、水産業や観光部門で外貨を獲得する。この分野はドルや円という共通貨幣での取引となる。そこで獲得した外貨で車や船舶等の琉球(沖縄)で製造できない資産を購入する。恵まれた環境から水産業と観光部門で獲得する外貨の方が購入を必要とする資産の額よりはるかに大きく、国で例えれば輸出超過になる。維持可能なレベルで水揚げや入域観光客数を制限するという方法で競争社会ではない、社会全体としては沖縄らしさを持ち続けることが重要である。

当然、琉球(沖縄)の中にあっても、グローバル競争に打って出ようという人材もいる。その人は、共通貨幣の分野で活躍してもらうという事になる。地域貨幣では資本蓄積が困難なので、共通貨幣での起業家ということになる。ちなみに、マイナスの金利では、借金も時間と共に減少していく。大金持ちも過重債務も生まれないシステムである。

デポジット制度

琉球諸島は流通の末端に当たる。生産地で作られた商品が、流通を通して島々に回り、消費に当てられる。食物は消費して無くなるので問題は沖縄が、耐久消費財は耐用年数が経過して廃棄物になった時、離島では輸送コストの壁によりリサイクル・システムが働かないことが多い。宮古島の人の居ない荒地や海岸に、不法投棄の耐久消費材が放置され、行政が回収して環境を維持している。他の離島でも多かれ少なかれ、同じような光景を目にする。リサイクル法の施行により、ごみの不法投棄は明らかな違法行為である。耐久消費財は廃棄する時リサイクル料金を支払ってリサイクル・システムに戻さないといけない。しかし、生活に余裕がない場合、既に不要となった物にリサイクル料金を払うというインセンティブが無い。その結果がゴミの不法投棄である。本来商品のリサイクル費用は製造者が負担すべきものである。使った後は、廃棄物になることが運命付けられているからである。しかし、一般庶民よりもメーカーの意向が強く政治に反映される資本主義社会では、メーカーは売る時にリサイクル料を取ると販売の妨げになると考え、売った後は知らん顔をしている。その結果、本来メーカーが負担すべき耐久消費財の不要物を行政がコストをかけて回収している。リサイクル・システムに戻せば、資源として活用できるばかりか、回収の費用も限られる。人目のない海岸や崖下に放置された車や冷蔵庫を回収するのは、多額の費用も発生する。そこで、不要となった消費財を、リサイクル・システムに戻した時にのみ、事前に預かっていた預託金を戻すシステムがデポジット制度である。

琉球(沖縄)に陸揚げする時点で、その消費財のリサイクル費に応じた預託金を徴収する。例えば車両の場合は、その購入価格の一割、電化製品の場合は五％と決めた額を陸揚げ時に移入(輸入)業者から徴収する。廃棄物となりリサイクル・システムに持ち込まれた時点で、その預託金を返金するという形である。

お金が返ってくるので誰も不法投棄をしなくなる。

また、預託金は総額ではかなりの額になるので、リサイクル基金として運用する。百万台の車輌から平均十万円を徴収すれば車だけでも一千億円である。観光を基幹産業とする琉球（沖縄）では、ごみの不法投棄を無くすことは重要である。製造者責任という当たり前の理屈が通る社会へと変えるべきである。

ベーシック・インカム

二〇一五年一二月にフィンランドが、国民すべてに毎月八〇〇ユーロ（約一一万円）を支給するベーシック・インカム制度の検討に入ったと報道された。二〇一六年一一月にその可否を決定するようである。またスイスでは二〇一六年六月に年金や失業手当を廃止し、全ての住民に生活保障額を手当てする最低生活保障のベーシック・インカムの国民投票が行われ否決された。日本では、まだ議論の緒に就いたばかりで、ほとんどの人がベーシック・インカムを理解していないであろう。

ベーシック・インカムとは、年齢、性別、職業の種類や有無、家族構成、そして所得金額に関わりなく、全ての人に一律に国が手当てを支給するシステムである。複雑な行政の各種給付制度を無くし、一括して同額を国民に支給することにより、多くの無駄を省けるし、例えば給付性奨学金や生活保護という、収入が多くなると減額されるシステムの受給者にとっての煩わしさも解決できる。ホームレスや子供の貧困も解決の道筋がつけられる。新自由主義が行っている少数者への富の集中の逆モードである。生活が保障されると人々は働かなくなるという妄想から、日本では自己責任論が主流ではある。しかし、社会的に底辺に落ち込んだ人々の責任を、正当に評価できているのであろうか。家族の事情で、事故で、病気で、やむを得ず人生設計を変更せざるを得なかった人に責任を問うことは正しいのか。また、生活保護や各種給付の受付、調査、支給という行政のコストを一律無くすメリットもある。フィンランドでは失業者は一律七五〇ユーロ（一〇万円）の支給が現在もある。それで、働かなくなるということは無い。日本では無理でも「いちゃりばちょーでぃ（出会えば兄弟）」の相互扶助の琉球（沖縄）では実現の可能性はある。

琉球的な殖産興業

産業育成期の近代国家日本において、資本投資や技術移植を国家が行い、企業活動が軌道に乗った後で私企業に払い下げた。

よく指摘されることだが、沖縄は事業の起業も廃業も日本で一番多い。しかし沖縄の起業家は、現実的には育たないという実情がある。現在の沖縄の代表的企業は、いずれも一九七二年の「本土復帰」時には既に実績を持った企業として存在していた。その後四〇年以上経過し、時代状況も企業活動も大きく変化しているが、立志伝中の人物はなかなか出ない。強いて挙げればサンエーの折田喜作氏とオークスの創業者ぐらいであろうか。残念ながらオークスは民事再生の事態となり、現在は琉球銀行の完全子会社と化している。この二つの会社にしても、「本土復帰」時には既に存在していた。さほど新規事業を立ち上げ立派な企業に育てるのは困難なのである。経営者団体の集まりでは、本土企業の沖縄法人の経営者がほとんどである。これらは純粋な起業とは言えない。企業家というよりサラリーマン社長である。

現代において、起業の際、もっとも障害になるのは初期資本の確保と社会的信用の獲得である。それができる企業家とは、結局他の業種で成功した人や企業に限られる。

一方で、資本と経営の分離と言われながら、特に中小企業においては、創業オーナーやその家族が経営に携わる方がむしろ一般的である。株式市場において、多くの資本を集められるのは、既に成功した企業が株式公開する場合や分社化する時とかであり、また、資本家以外で経営者として抜擢されるのは、官僚出身者が多い。結局、資本と経営の分離は、新規の起業家には、さほどのハードルを下げる効果は無い。

沖縄の現実を具体的に見てみよう。

介護保険制度がはじまり、少子高齢化への対応として各種の施設ができているが、実際には介護を必要とする高齢者が入居するには敷居が高い。月の年金をはるかに上回る入居介護費と、入居待ちの多さからすぐに期待する介護施設に入れるのは、ほぼありえない。

介護施設を建設するのに多額の費用が掛かり、経営者は初期投資を回収するために巨額の報酬を得て、一方で介護職員には低賃金を強要し、介護職員の入れ替わりは激しく、熟練者が育たない状況となっている。

社会が必要とする事業を、沖縄県や市町村が設立し、経営担当を公募等で募る、新しい殖産興業の取り組みがあっても良いのではないのか。

適正な介護賃金を保障し、従業員の人員と技術を安定化させることは、介護制度を維持するために不可欠である。今の状態では、介護保険を払っていても適正な介護を受けられないのが常態化する。安心できる老後は、すべての人の願いである。そのためには今までの前提や既成概念を取り払って、新しい琉球を作る気概が必要である。

10　正義は我が方にあり

独立運動と言うと、流血の事態を予想する人も多い。鉄の暴風と呼ばれた沖縄戦を体験し、「ぬちどぅたから（命こそ一番大事）」ということを体感した沖縄で、また、歴史的にも武器ではなく信頼で東アジアの「あじまー（十字路）」として栄えた琉球王国の地の民として、独立戦争は是が非でも避けなければならない。

平和的独立の道筋こそ重要視されるべきである。近年の独立運動は支配国との独立戦争を想定している地域は稀である。いずれも支配国の方が圧倒的な軍事力を持っているためである。それゆえ戦争や武力闘争による独立は、支配地域と被支配地域の市民を巻き込んだゲリラ戦となる。報復合戦は両地域にとって経済的にも政治的にも多大なマイナスを生む。しかし、平和的独立は簡単ではない。国の一部が分離独立を要求すると、まず中央政府が反対する。支配機構の弱体化と中央権力への求心力の低下を良しとしないからである。そこで中央政府は国民のナショナリズムに訴えて分離独立を潰そうとする。多数派国民も中央政府の政策を支持する。概して分離独立を求める地域は被支配地域であり、経済的にまた政治的に矛盾と抑圧を集中されている場合が多く、そのマイナス要素を独立によって解決しようとするのに対して、支配地域は逆に矛盾や抑圧を押し付けることによって利益を得ており、分離独立によってその利益が無くなるばかりではなく、場合によっては被抑圧地域が受けている矛盾を引き受けざるを得なくなるからである。琉球・沖縄も極端な日米政府による軍事矛盾を集中されており、もし分離独立を行えば、別の地域が似たような状況に陥る可能性がある。それ故いろんな理屈をつけて分離独立を認めようとしない。それでも国際人権法は繰り返し、そしてより強固に先住民の自決権を確定してきている。

本文で触れたように、一八七九年に独立国である琉球王国を、国王を拉致し、武力によって併合した日本の行為は、当時の国際法に照らしても違法で、琉球には明確に独立の権利がある。

また、日本軍国主義が東アジアと西太平洋で行った蛮行の結果、日本はポツダム宣言を受諾し、侵略して手に入れた領土を手放し、北海道、本州、四国、九州とその近隣の小島に主権を制限され、また、軍事的行動は厳しく禁止された。これこそ世界が日本に課した戦後秩序である。平和憲法はそのような国際秩序が要求した面もある。この戦後秩序を破壊し、「普通」に戦争ができる国へと変化させることは当然にして諸外国の批判と反発を生む。

自民党、とりわけ安倍政権は、戦前への復帰を企図し、まるで第二次世界大戦の敗戦が無かったかのような振る舞いで、平和憲法を骨抜きにし、偉大な国つくりをめざし、伸長著しい中国に米国と連携した軍事力で対抗しようとしている。このことは明確な東アジア国際秩序の改変であり、過去の歴史にどのように向き合うのかを問われることになる。

「本土復帰」の根拠とされた「潜在主権」が、植民地主義を容認する欺瞞であることを指摘し、また近年の国際人権法が人々の自己決定権を定め、とりわけ先住民（族）の言語や土地に対する権利を明確にしたことは、琉球の自己決定権確立に向けて大いなる追い風である（二〇〇七年九月一三日国連総会第六一期に採択）。

なによりも日本に帰属する事を決定した「沖縄返還協定」において、当事者である琉球・沖縄の住民の意思が反映されていない。屋良建議書は自民党の強行採決によって国会で取り上げられる前に葬り去られ、沖縄民衆の「基地のない平和な沖縄」の願いは今に至るも一顧だにされていない。歴史的に独立国であり、国際法上の主体である琉球に対して、第二次世界大戦後当然にして独立の権利があるにもかかわらず、東西冷戦を背景に軍事占領を継続し、現在に至るも日米の軍事植民地となっている現状は許されるものではない。琉球・沖縄の住民は「沖縄返還協定」の無効を宣言し、独立の権利を表明すべきである。

また一方で、かつての平和憲法を遵守し、経済格差も少ない日本社会から大きく変貌した日本がある。日本に帰属したままでは、集団的自衛権によって米軍と共にアジアの人々に銃口を向けることになる。

平和を願う琉球の地にあって、どんどん強化される自衛隊という名の日本軍と、耐用年数二百年の近代的新基地を辺野古に要求する米軍。琉球の民が、かつてのように日本軍として戦争に向かう可能性が強まってきた。

那覇航空自衛隊の増強によってスクランブルの回数が増えているが、防衛省によると、その間の領海侵犯・領空侵犯として公表すべき事例はなかったと公表されている。国際法違反はないがスクランブルの回数は部隊増強により倍増している。防衛省のホームページには太平洋に出るため宮古島と沖縄島間の海域を航行する中国船を、合法的航行であることを明示せず、あたかも日本の防衛にとって危機であるかのように記述している。航空自衛隊のスクランブルは恣意的に領空侵犯の恐れがあると自衛隊が判断した場合に行われ、その回数は時の政権の対中国政策に影響される。逆に中国から見ると、尖閣列島に対する接続水域や一二海里内への公船の派遣はルーティンワークとしてほぼ変化なく行っている。毎月十回程度の頻度で一二海里水域への侵入を繰り返し、野田政権が棚上げにしていた尖閣を国有化するという愚策を行った年こそ増えているが、その後は毎月同じように業務としてこなしている。この両国の動向を見ると、戦争の危機を煽っているのは安倍政権であることが明確に分かる。

人びとは歴史から何を学んできたのであろうか。戦争で解決した国家間紛争はない。残るのは遺恨であり、膨大な死傷者である。

条約法に関するウィーン条約があり、日本は一九八一年に国会承認を行い、七月には日本において公布及び告示がなされており効力を持っている。この条約は国内法と国際法の関係を規定しており、重要である。その二六条に効力を有するすべての条約は、当事国を拘束し、当事国はこれらの条約を誠実に履行しなければならないとあり、次いで二七条には、当事国は条約の不履行を正当化する根拠として自国の国内法を援用することができない、とある。要約すれば国際法は国内法の上位に位置し、国際法に違反する国内法は国際法に合致するように変更しなければならない。日本では最高裁の判決が判例として法律的効力を持つが、例えば一九六六年に国連総会で採択された国際人権規約は、基本的人権を国籍を超えて守らなければならない強行規範（jus cogens ユス・コーゲンス）として制定している。国内法や最高裁判決が国際人権規約の規定に反している場合にはそれを変更しなければならない。そして国際人権規約の「社会権規約」と「自由権規約」の共に第一条に人民の自決の権利を定めている。これら国際人権法の基本的な立場は、人権は「人間の固有の尊厳に由来する」ことであり、国家により与えられたものではない、国家以前に存在するという事である。

「先住民族の権利宣言」に話を戻す。この宣言の正文である英文表記は"United Nations Declaration on the Rights of Indigenous Peoples"である。その前文第四段落には以下の記述がある。

Affirming further that all doctrines, policies and practices based on or advocating superiority of peoples or individuals on the basis of national origin or racial, religious, ethnic or cultural differences are racist, scientifically false, legally invalid, morally condemnable and socially unjust,

この部分の日本語訳文（仮訳）では

国民的出自または人種的、宗教的、民族的ならびに文化的な差異を根拠として民族または個人の優越を基盤としたり、主唱するすべての教義、政策、慣行は、人種差別主義であり、科学的に誤りであり、法的に無効であり、道義的に非難すべきであり、社会的に不正であることをさらに確認し、

となっている。文中では正しくEthnicを民族的と訳している。また別の個所ではpeoples or individualsを集団か個人と訳さず、民族または個人と訳し、民族と言う概念を入れ込んでいる。peoplesを民族と訳するのはいかにも強引であるが、表題の日本語仮訳とのつなぎとして取り入れている。このような訳文が通用するのは日本国内のみである。

日本政府は、一九九七年以降は先住民族の権利宣言に該当するのはアイヌのみであると繰り返し国会等で答弁している。それ以前は「神国日本」は単一民族とすら表現していた。比較する必要もないが、百年余り前に独立国家を形成していた琉球の方が、アイヌよりも国際基準を満たし自決権を有していることは明白である。しかし、「民族」概念の学術的結論は未だ存在しない。広い概念としては「ユダヤ民族」は

その宗教性において自覚され、人種的にはスラブ等の白人からアラブ、そしてネイティブ・アフリカの黒人まで含んでいる。狭い概念では、ルワンダの民族浄化で百万人を超える虐殺があったとされる事例で、多数派のフツ族が少数派のツチ族を虐殺したのであるが、フツ族とツチ族の言語や生活地域や様式は同一であるばかりでなく、多くは縁戚関係にすらあった。どこに違いがあるかほとんどわからない差異で、違う民族として虐殺の対象とされたのである。このように「民族」が主観において帰属意識の決定がなされることから、学術的な、言い換えれば誰にでも共有され得る客観的な概念としてはない。そのような「概念」を訳文に使用することにおいて、本来弱い立場におかれ、無視されやすい少数者をできるだけ落ちこぼさないようにと厳格な規定を行わない権利宣言の趣旨が、逆に「民族」に属するかどうかという高いハードルになっている。先住民族の権利が個人に由来するのではなく、集団性に根拠を置くことからこのような「民族」という日本語訳を肯定する向きもあるが、しかし、この訳は明らかに宣言の意図を逸脱している。

多くの国連決議と同様に先住民の権利宣言は戦勝国の言語が正文である。英語、仏語、露語、中国語、スペイン語の五ヵ国語である。日本語訳には（仮訳）との注釈がつく。仮訳をいいことに日本政府はIndigenous Peoplesをわざと先住民族との訳を付けた。「昔からその土地に生活していた人々」という語源とはるかに離れた誤訳である。日本政府の「単一民族論」からは先住民族は存在しないという事になり、アイヌモシリの粘り強い働きかけの結果で一九九七年に「アイヌ文化振興法」として成立し、日本国内における少数民族として初めて認知した。

琉球・沖縄の現状に照らして考察すると、自民党と右派からは琉球・沖縄の人々は「立派な日本人」であるとの主張がなされる。かつての「人類館」事件を彷彿とさせる表現であるが、主張している人たちはその差別性に気付いていない。在日の人々やその他のマイノリティより自分たちは上にあるという暗黙の意識が「立派な日本人」と言う表現となっている。

彼らはまた「琉球民族」との主張は新たな差別を生むという。差別があるからそれを無くすために、国連憲章、市民的及び政治的権利に関する国際規約および経済的、社会的及び文化的権利に関する国際規約の共通第一条において自己決定権を有する人民としてIndigenous Peopleが規定されているのである。既に国土面積の〇・六%しかない沖縄に米軍専用施設の七三・八%も集中している現状は、差別以外のなにものでもない。この状況を打破する最強の手段がUnited Nations Declaration on the Rights of Indigenous Peoplesであり、この宣言で先住民には土地の使用と管理に関する優先的な権利が認められ、また、先住民の土地の軍事利用が禁止されているのである。

恣意的な日本語訳の「先住民族」をめぐって不毛な論争が沖縄で行われている。沖縄の人に君は日本人かウチナーンチュかと問えばウチナーンチュであるという答えとウチナーンチュだが日本人という答えが返ってくる。質問を変えて日本民族か琉球民族かと問えば、ほぼ全員が怪訝な顔をする。民族という概念に押し込まれることに対する不信感である。民族概念は左右から攻撃にあっている。民族主義者と言う言葉が偏狭な唯我独尊思想を連想させ、左派からの攻撃にあっていると同時に、琉球民族を名乗ることが人民の分断になるとの共産党系からの批判もある。右派からも内的自決権に対する理解もなく、「国賊」「日本から出ていけ」との批判を浴びる。ウチナーンチュとの自覚があれば立派なIndigenous Peopleであると考えるが、日本語訳に囚われると琉球民族を選択するか日本民族を選択するかとの別の論議になる。それこそ日本政府の思うつぼである。

なぜ、翁長知事が国連人権理事会で発言しようとした時に、自民党県連は「先住民族」と言うことには触れないと確約させたのか。アイヌには権利を認め琉球・沖縄の住民に「先住民の権利」を認めないのはなぜか。

日米政府の政策の根幹をなす日米安保条約が「先住民の権利宣言」によって無力化するからである。

明らかに正義は我が方にある。

私たちは、非武の思想と近隣友好を掲げて、琉球独立に歩むものである。

里　正三（さと　しょうぞう）

琉球民族独立総合研究学会会員
命どぅ宝！琉球の自己決定権の会会員
琉球民族独立総合研究学会誌『琉球独立学研究』創刊号（2014年10月）に論文『琉球独立は民主主義の必然』を掲載
1949年大阪市生まれ。祖母と叔母が加計呂麻島の出身
1968年３月　大阪府立北野高校卒業
1975年　沖縄に移住。金武湾反ＣＴＳ闘争に参加
1976年　法人企業設立　代表取締役（現在に至る）
『分権・独立運動情報』誌（1977年創刊～1979年10月６号）に関わる
会社経営の傍ら市民運動、平和運動に参加
元大学非常勤講師（琉球大学、沖縄国際大学）

琉球独立への視座――歴史を直視し未来を展望する

ISBN 978-4-89805-191-7 C0331　　2016年12月20日　印刷
2016年12月25日　発行

著　者　**里　正三**
発行者　**武石和実**
発行所　**榕樹書林**

〒901-2211 琉球共和国宜野湾市宜野湾3-2-2
TEL. 098-893-4076　FAX. 098-893-6708
E-mail：gajumaru@chive.ocn.ne.jp
郵便振替 00170-1-362904

印刷・製本　㈲でいご印刷

がじゅまるブックス　12